BAHIA
DE TODOS
OS NEGROS

BAHIA DE TODOS OS NEGROS

As rebeliões escravas do século XIX

FERNANDO GRANATO

R
HISTÓRIA REAL

© 2021 Fernando Granato

PREPARAÇÃO
Mariana Rimoli

REVISÃO
Eduardo Carneiro
Danielle Machado

DIAGRAMAÇÃO
Equatorium Design

ARTE DE CAPA
Celso Longo

FOTO DO AUTOR
Renato Parada

CIP-BRASIL. CATALOGAÇÃO NA PUBLICAÇÃO
SINDICADO NACIONAL DOS EDITORES DE LIVROS, RJ

G778b
 Granato, Fernando
    Bahia de todos os negros : as rebeliões escravas do século XIX / Fernando Granato. - 1. ed. - Rio de Janeiro : História Real, 2021.
    224 p. ; 18 cm.
    isbn 978-65-87518-15-2
    1. Bahia - História - Séc. XIX. 2. Escravidão - Bahia - História - Séc. XIX. 3. Revoltas - História - Séc. XIX - Brasil. I. Título.
21-72090   CDD: 981.42
                            CDU: 94(813.8)"18
Camila Donis Hartmann - Bibliotecária - CRB-7/6472

[2021]
Todos os direitos desta edição reservados a
História Real, um selo da Editora Intrínseca Ltda.
Rua Marquês de São Vicente, 99, 3º andar
22451-041 — Gávea
Rio de Janeiro — RJ
Tel./Fax: (21) 3206-7400
www.historiareal.intrinseca.com.br

Aos meus pais
A Moreno e Luíza
A Rosane, que me deu o título deste livro

Sumário

Apresentação 9
Cronologia 13

A Bahia de todos os negros 17

PARTE 1
Uma província negra no Brasil 33
Salvador no século XIX 37
O navio negreiro 46

PARTE 2
Guiné, Angola e Costa Mina 55

Um século de lutas 61
A Guerra da Independência 72
A Bahia rebelada 82
Irmandade da Boa Morte 99
A Cemiterada 105

PARTE 3
A Bahia independente 113
A Pequena África carioca 124
Febre amarela e saúde pública 128

PARTE 4
O último desembarque 137
Cólera 146
A greve de 1857 155
O motim de 1858 160
Guerra do Paraguai 166
Luiz Gama 176
O Quilombo do Jabaquara 184
Uma sociedade em frangalhos 189

Posfácio 203
Notas 207
Bibliografia 215

Apresentação

Por que a Bahia é um lugar diferente, uma espécie de África dentro do Brasil, onde os negros parecem mais dotados de altivez e, ao mesmo tempo, as mazelas sociais dão ao visitante a impressão de estarem menos escondidas? O que teria acontecido naquele estado, sobretudo em sua capital, Salvador, de diferente das demais localidades brasileiras que também passaram por um processo de colonização perversa, calcada na escravidão?

Para quem mergulha um pouco mais a fundo na história baiana, salta aos olhos a grande quantidade de revoltas e rebeliões praticadas pela população escrava e pela plebe livre que marcaram a vida de seus habitantes, principalmente no século XIX. Em estados como Rio de Janeiro e São Paulo, onde a população cativa também era imensa, esses registros são surpreendentemente menores.

Foi para tentar entender essa peculiaridade que me propus a escrever este livro e determinei desde o início um desafio: trazer alguma informação nova ao leitor, uma vez que historiadores dos mais respeitáveis já se debruçaram profundamente sobre o tema das revoltas baianas.

O caminho escolhido foi então o de buscar um fio condutor que ligasse esses acontecimentos numa narrativa única. E foi aí que deparei com dois personagens com histórias pessoais que se entrelaçam a esses episódios: Luiz Gama, notório abolicionista que se destacaria no fim do século XIX, e sua mãe, Luíza Mahin, figura mítica e pouquíssimo estudada devido à ausência de documentos oficiais que atestem sua trajetória.

A partir de uma carta autobiográfica escrita por Gama perto do final de sua vida, passei, como que guiado por ela, a fazer uma narrativa cronológica dos acontecimentos que abalaram a Bahia e o Brasil no século XIX. Tais acontecimentos foram primordiais para a confecção da própria identidade brasileira. Em última análise, o que se pretendeu foi jogar luz sobre um passado indispensável à compreensão de nosso presente. Nesse sentido, busquei apresentar ao leitor não apenas os fatos, mas também toda a ambientação em que aconteceram. Os cheiros, as cores, os sabores dos locais em que se desenrolaram os episódios.

Nenhuma narrativa é exata. Depende obviamente da impressão de quem a descreve. O que procurei neste livro foi ser o mais fiel possível à historiografia oficial, acrescentando elementos da reportagem. Visitei os cenários dos acontecimentos, muitos deles ainda praticamente intactos. Percorri dezenas de vezes as calçadas de pedras do centro histórico de Salvador em busca da sensação de quem viveu aqueles momentos. Espero ter traduzido tudo isso numa História Real que contribua para decifrar alguns dos dilemas deste país em permanente construção.

CRONOLOGIA
A escravidão, as revoltas de cativos e da plebe livre e seus desdobramentos

1550   Inicia-se o primeiro ciclo de importação de escravos africanos para a Bahia, o chamado ciclo da Guiné.

1600   O tráfico de escravos ganha outra cara com a chegada dos negros vindos de Angola. A importação ganha volume.

1750   Metade da população da capital baiana nessa época é composta de escravos da etnia banto, de Angola.

1780   Começa o chamado ciclo da Costa Mina, com escravos vindos da região onde hoje é a República do Benin.

1807   Acontece o primeiro grande movimento de conspiração escrava, em Salvador, que é abortado pela polícia antes mesmo de começar, após uma delação.

1808   A Coroa portuguesa transfere-se para o Brasil e Dom João fica por 35 dias em Salvador antes de se estabelecer no Rio de Janeiro.

1809   Um novo movimento rebelde entre escravos é registrado, dessa vez em Nazaré das Farinhas, no Recôncavo Baiano.

1814   Um levante escravo de grandes proporções acontece em uma propriedade pesqueira em Itapuã, localidade litorânea distante do centro de Salvador.

1816   Escravos se rebelam depois de uma comemoração religiosa em Santo Amaro, novamente no Recôncavo.

1822   Começa a guerra pela independência da Bahia de Portugal.

1823   Um navio negreiro que chegava à Bahia é tomado pelos escravos a bordo, da etnia macua, de Moçambique.

1824   Soldados do Terceiro Batalhão de Caçadores do Exército, a maioria negros, rebelam-se em Salvador em protesto contra a notícia de que seriam transferidos para servir em Pernambuco.

1826   Uma tentativa de motim escravo, em Cachoeira, no Recôncavo, é prontamente sufocada pela polícia.

1826   Escravos do chamado Quilombo do Urubu, nas imediações de Salvador, são atacados pelas tropas oficiais

	depois de terem saqueado uma fazenda em busca de suprimentos.
1828	Um novo foco de motim acontece, outra vez numa propriedade pesqueira de Itapuã.
1830	Nasce na Bahia o futuro líder abolicionista Luiz Gama
1830	Cerca de vinte negros invadem três estabelecimentos comerciais na Ladeira do Taboão, em Salvador. Conseguem libertar escravos aprisionados por um traficante e depois são massacrados pelas tropas militares.
1835	Acontece a Revolta dos Malês, o maior levante escravo urbano ocorrido no Brasil.
1836	Eclode em Salvador a chamada Cemiterada, movimento engrossado por escravos e pela plebe livre em protesto à proibição dos enterros na área das igrejas e a obrigatoriedade dos sepultamentos em um cemitério.
1837	Acontece na Bahia a Sabinada, movimento separatista engrossado pela população negra que busca a independência da província em relação poder imperial.
1849	A Bahia é tomada por um surto de febre amarela.
1851	Acontece o último desembarque clandestino de um navio negreiro na Bahia de que se tem notícia.
1855	A Bahia é assolada por mais um surto, dessa vez de cólera.

1857 Salvador para com uma greve dos negros encarregados de todo tipo de transporte urbano, de gente e mercadorias.

1858 Um novo protesto toma conta da capital da Bahia, dessa vez contra a carestia dos alimentos.

1864 Uma grande quantidade de negros baianos é enviada para lutar na Guerra do Paraguai.

1880 Jornais baianos noticiam com frequência o desrespeito por parte de senhores à chamada Lei do Ventre Livre, de 1871, que dava liberdade a toda criança nascida de mãe escrava.

1882 Morre em São Paulo o abolicionista baiano Luiz Gama.

1887 Já não existem na cidade de Salvador trabalhadores registrados como "carregadores". O progresso, com o Elevador Lacerda e os bondes puxados por animais, dá conta do serviço antes destinado aos negros.

1888 Com a Lei Áurea, os escravos ganham a liberdade, mas passam a viver na mendicância, sem condições de sobrevivência.

1889 A recém-instalada República criminaliza a vadiagem, com vista a incriminar negros desocupados.

A Bahia de todos os negros

Praça da Sé, centro histórico de Salvador, capital da Bahia. O cheiro da fritura no azeite de dendê exala das barracas de acarajé desde os tempos mais remotos, quando as africanas trouxeram de sua terra a iguaria feita de feijão fradinho ralado numa mistura com sal, cebola e muita pimenta. No meio da praça, uma jovem aplica trança nagô em sua cliente por trinta reais. Conta que a tradição desse trabalho vem de sua bisavó. A trança nagô é aquela que fica rente ao couro cabeludo e tem propósitos variados na cultura africana: pode simbolizar, por exemplo, o estado civil ou a classe social. No Brasil, não tem significado específico, mas é usada desde a escravidão como símbolo de resistência.

A alguns passos da Praça da Sé está a Ladeira da Praça, e ali há outra menção aos africanos, esta já numa miscigenação com o mundo globalizado: "Afro Mega Hair", indica a placa no número 17, uma loja especializada em "apliques, perucas, fibra sintética e cabelo humano". Logo abaixo, ao pé da ladeira, está uma das principais referências na cidade ao período da escravidão, quando milhões de homens, mulheres e crianças foram trazidos à força do outro lado do Atlântico. No antigo número 2 havia um sobrado de dois andares com um subsolo, que serviu de quartel-general para os negros organizadores de um movimento pela tomada do poder em 1835 que ficou conhecido como Revolta dos Malês.

A insurreição teve início perto da uma da manhã do domingo, 25 de janeiro de 1835, quando uma patrulha foi enviada para averiguar a denúncia de que africanos estariam conspirando contra o governo na região. Quando lá chegaram, os policiais foram surpreendidos por cerca de sessenta homens que reagiram a tiros de bacamarte e golpes de lanças e espadas e aos gritos de "mata soldado" numa língua africana. Começava ali a rebelião que se espalharia por quase toda a cidade nas horas seguintes.

Perto desse local, do outro lado da Praça dos Veteranos, fica a Rua do Bângala. Nessa pequena viela existe até hoje uma casa de três pavimentos, cada um com três janelas que dão para a rua. Um sobrado sem a suntuosidade dos solares coloniais, com uma placa na porta: "Nesta casa a 21-6-1830 nasceu livre Luiz Gonzaga Pinto da Gama, filho de Luíza Mahin, nagô de nação". Gama foi um escritor e jornalista que mais tarde se destacaria entre os mais importantes abolicionistas do país.

Em 1835, Luiz Gama tinha apenas 5 anos e, portanto, não teve qualquer participação na insurreição africana. Sua mãe, Luíza Mahin, entretanto, teria desempenhado papel importante na Revolta dos Malês, como eram conhecidos na Bahia da época os africanos islamizados. O nome é uma derivação da palavra "imalê", que na língua iorubá serve para designar os muçulmanos. Pouco se sabe sobre Luíza, a não ser por relatos orais colhidos por pesquisadores ao longo de quase duzentos anos e por uma carta, escrita por Gama em 1880 e endereçada ao amigo Lúcio de Mendonça, na qual ele traça uma breve autobiografia para ser publicada no *Almanaque Literário de São Paulo* para o ano de 1881:

"Sou filho natural de uma negra, africana livre, da Costa Mina (Nagô de Nação) de nome Luíza Mahin, pagã, que sempre recusou o batismo e a doutrina cristã.

Minha mãe era baixa de estatura, magra, bonita, a cor era de um preto retinto e sem lustro, tinha os dentes alvíssimos como a neve, era muito altiva, geniosa, insofrida e vingativa.

Dava-se ao comércio – era quitandeira, muito laboriosa, e mais de uma vez, na Bahia, foi presa como suspeita de envolver-se em planos de insurreição de escravos, que não tiveram efeito.

Era dotada de atividade. Em 1837, depois da Revolução do dr. Sabino, na Bahia, veio ela ao Rio de Janeiro e nunca mais voltou."[1]

A Revolta dos Malês foi o mais sério levante urbano de escravos ocorrido no Brasil. Teve como palco as ruas e vielas de Salvador. Contou com a adesão de cerca de seiscentos africanos e deixou um saldo de setenta mortos entre os rebeldes, massacrados pelas forças oficiais. Outros trezentos revolucionários foram depois levados à Justiça e, ao fim dos processos, quatro acabaram fuzilados. Vinte e dois revoltosos receberam pena de prisão e 44, o castigo de açoite. Em decorrência do movimento, que pretendia tomar o poder e eliminar a hegemonia e o domínio dos brancos na cidade, mais de quinhentos africanos livres foram expulsos do país e tiveram que voltar para a África.

Dois anos depois, começou a "Revolução do dr. Sabino" a que se referiu Gama. Ou Sabinada, como também ficou conhecido o movimento que aconteceu entre novembro de 1837 e março de 1838, quando a cidade de Salvador foi novamente tomada por rebeldes que proclamaram a Bahia uma província independente do Poder Central. O Brasil vivia então o período Regencial, quando o imperador Dom Pedro I abdicou do trono e deixou no lugar seu filho, Dom Pedro II, ainda menor de idade. Uma época de grande descontentamento nas províncias brasileiras, que se viam na obrigação de mandar suas riquezas para alimentar o luxo da Corte. Engrossado sobretudo pela população pobre da cidade, o movimento era formado quase majoritariamente por escravos libertos ou descendentes de africanos e tinha como líder o médico mulato Francisco Sabino Vieira, que editava um jornal com ideias revolucionárias, o *Novo Diário da Bahia*.

Com apoio de parte significativa de militares de baixas patentes, os revolucionários tomaram o poder sem derramamento de sangue. Na manhã de 7 de novembro, os revoltosos dirigiram-se até a Câmara Municipal e lá lavraram uma ata com a declaração de independência da província. O governo local, ao perceber que o "fatal delírio revolucionário" – nas palavras do comandante das Armas da Província, Luiz da França Pinto Garcez – havia tomado conta da tropa, refugiou-se na região do Recôncavo Baiano.

Ao mesmo tempo, as classes mais favorecidas também debandaram de Salvador. A estratégia adotada pelos legalistas, ligados ao Poder Central, no Rio de Janeiro, foi enfraquecer a cidade, provocando o desabastecimento de suprimentos, e só atacar quando tivessem a certeza da vitória. Assim, um barco de guerra foi colocado para patrulhar a Baía de Todos os Santos e desviar para o Recôncavo todos os gêneros de primeira necessidade destinados à capital baiana.

Com essa estratégia, a primeira batalha, de fato, só aconteceu a 30 de novembro, quando os rebeldes, já quase sem suprimentos, resolveram atacar as tropas enviadas pelo governo nacional que estavam postadas na periferia da cidade, nas regiões conhecidas como Campina e Cabrito. Havia quinhentos homens do lado dos revoltosos e trezentos entre a tropa oficial, que na verdade se encontrava em melhor posição de resguardo. O resultado desse primeiro embate foi a acachapante derrota dos rebelados, com um saldo de 25 mortos entre eles e apenas dois entre os constitucionais. Os enfrentamentos, entretanto, ainda durariam alguns meses antes que o poder voltasse às mãos dos leais ao governo imperial.

Essas insurreições aconteceram num contexto de profunda crise econômica na Bahia. A indústria era praticamente inexistente: só eram fabricados, de maneira rústica, tecidos ordinários, velas, vidro, sabão, charuto e rapé. O principal produto que sustentava a economia local, o açúcar, passara a sofrer forte concorrência de Cuba, que havia conquistado os mercados internacionais. Além disso, começava a ganhar força na Europa a produção do açúcar de beterraba, o que também contribuiria para a queda nos preços das exportações baianas. Como se não bastasse, o algodão, segunda maior fonte de renda da província, também perdera competitividade em função dos altos custos para ser transportado do interior à capital.

A situação da Bahia ganhara contornos de tragédia com uma forte estiagem no sertão, que durou quatro anos seguidos, de 1830 a 1833. Com isso, uma multidão de flagelados fugiu para a capital. O cenário ficou tão dramático que, em fins de 1833, o presidente da província implorou ao governo imperial a remessa de alimentos para diminuir a fome do povo.

Todo esse quadro de depressão econômica foi gerando desemprego. Além disso, a alta no preço interno dos gêneros alimentícios em decorrência da seca que castigou as lavoras causou um clima de tensão entre a população, principalmente a de baixa renda. Para completar a onda inflacionária, aconteceu na mesma época uma espetacular injeção de dinheiro falso no mercado, facilitada pela baixa qualidade do cobre usado na fabricação das moedas.

Os africanos, cativos ou libertos, representavam a camada mais inferior da população baiana e eram os que mais sofriam com a crise econômica. Segundo a historiadora Kátia Mattoso, uma das maiores especialistas na história econômica e social da Bahia, 90% da população livre de Salvador no século XIX vivia "no limiar da pobreza". Inventários da época mostram que os 10% mais ricos controlavam 67% das riquezas. Já os 30% mais pobres detinham apenas 1% dos bens e capitais.[2]

Não é difícil supor que os rebeldes africanos tenham se aproveitado desse momento de grande tensão social para, em 1835, angariar adeptos entre a chamada "plebe", na tentativa de tomar o poder e acabar com a supremacia branca na Bahia, naquela que ficaria conhecida como Revolta dos Malês. O mesmo aconteceria dois anos depois, com a Sabinada.

Não existem documentos que comprovem a participação de Luíza Mahin nos dois movimentos. Relatos de pesquisadores como Antonio Monteiro, que foi membro do Instituto Geográfico e Histórico da Bahia, contudo, permitem vislumbrar uma possível trajetória da mãe de Luiz Gama nessas insurreições.[3]

Monteiro pesquisou durante muitos anos os negros malês da Bahia e, a partir de relatos orais que recolheu, concluiu que cabia a Luíza Mahin, em 1835, a função de repassar as ordens e instruções dos líderes rebeldes aos dirigentes das mesquitas da cidade. Nessa época, existia um grande contingente de africanos islamizados em Salvador, e muitas casas serviam de mesquitas disfarçadas. Isso porque tal prática religiosa era proibida.

Também interessado na história desse período, o geógrafo Mouzar Benedito observou em seus escritos que a profissão de quitandeira facilitava o acesso de Luíza Mahin às pessoas: "Isso lhe dava muita mobilidade, [ela] circulava por toda a cidade de Salvador, tinha contato permanente com a população, e lhe possibilitava saber tudo o que acontecia e ao mesmo tempo participar de preparações de rebeliões, que eram comuns na cidade, principalmente entre os negros da nação Nagô."[4]

As negras que trabalhavam como ambulantes pelas

ruas de Salvador eram chamadas de "ganhadeiras". Estavam nessa categoria tanto as escravas, obrigadas a pagar uma diária aos seus senhores, como as libertas, que ficavam com todo o lucro obtido com o comércio. Para as escravizadas, o "ganho" era o caminho mais curto para a alforria, a única forma de conseguir poupar algum recurso para comprar a liberdade.

Existiam também as "Juntas de Alforria", cooperativas ditas beneficentes promovidas pelos próprios negros, que funcionavam como uma espécie de caixa de poupança. Delas, os membros retiravam, num sistema rotativo, a quantia suficiente para a compra da liberdade. Mas continuavam a pagar até quitar a quantia retirada, com juros altíssimos que chegavam a 20%, num sistema parecido com os consórcios. O historiador João da Silva Campos observou que as Juntas de Alforria eram verdadeiras "empresas bancárias africanas", que de beneficentes não tinham nada.[5]

A maioria das "ganhadeiras" (33%) era da nação nagô, como Luíza Mahin. Celebravam a Mãe D'Água, num rito que depois se derivou no culto a Iemanjá, um dos mais tradicionais da Bahia. Eram mulheres acostumadas ao comércio, porque na costa ocidental da África, de onde vieram, essa atividade era tarefa feminina, e muitas delas já vinham com faro para os negócios. Já estavam aculturadas no Brasil, e por isso eram consideradas ladinas, como classificou um senhor num anúncio de jornal da época, no qual procurava uma negra para trabalhar para ele como ambulante. Estima-se que um senhor com três escravas no comércio, nessa época, conseguia viver no ócio.

De acordo com Kátia Mattoso, os trabalhadores, libertos ou escravos, se reuniam nas esquinas da cidade conforme o tipo de ofício que praticavam e a "etnia de origem".[6] Como vinham da África desgarrados de suas famílias, acabavam chamando de parentes aqueles que pertenciam ao mesmo grupo étnico.

As ganhadeiras circulavam pelo labirinto de ruelas tortuosas que desciam ao pé da escarpa, da Cidade Alta para a Cidade Baixa. Andavam com tabuleiros, gamelas e cestas habilmente equilibrados na cabeça. Havia também as que tinham um ponto fixo e montavam suas bancas em meio a porcos, cachorros, pássaros engaiolados. Na chamada Ladeira da Preguiça, no centro, por exemplo, havia uma feira livre onde se reuniam negras de ganho, muitas delas africanas empregadas no comércio de peixe e de outros produtos alimentícios. Coloriam o cenário urbano com suas vestimentas e seus produtos tropicais. Com suas frutas e frituras, eram responsáveis também pelos aromas das ruas. Umas andavam com os filhos atados às costas, amarrados com panos da costa. Outras eram vistas de cócoras, a vender suas comidas nas esquinas. Muitas tinham o hábito de beber e vender cachaça e eram punidas por esse comércio, considerado ilegal.

A repressão a essas mulheres era uma constante na cidade. O governo municipal as obrigava a pagar uma taxa de matrícula — que não era cobrada das mulatas nascidas no Brasil. Era uma exigência apenas às africanas, que tinha por objetivo dificultar a vida dos negros libertos e os forçar a voltar para a África. As autoridades se diziam preocupadas com o trabalho itinerante das "ganhadeiras", que lhes facilitava uma integração entre as populações consideradas "perigosas" para as elites. Durante a Revolta dos Malês, muitas delas foram acusadas de fornecer comida e levar recados aos rebeldes.

Depois da insurreição, a repressão se intensificou e houve grande debandada de africanos para o Recôncavo Baiano. Outro estudioso dos movimentos populares da Bahia, o pesquisador Antônio Moraes Ribeiro, associou a essas negras islamizadas que fugiram de Salvador depois da repressão de 1835 o surgimento da Irmandade da Boa Morte, no município de Cachoeira.[7]

Verdadeiras mostras do sincretismo religioso baiano, as irmandades misturavam duas vertentes religiosas das mais díspares: o catolicismo e o islamismo. Isso seria possível pelo fato de funcionarem como "instrumento moderador de tensões sociais", como definiu a historiadora Magnair Santos Barbosa, indo além da esfera religiosa.[8] A influência islâmica justificaria, portanto, o toque muçulmano nos trajes usados pelas "irmãs" até os dias de hoje, com turbantes e vestimentas brancas.

Constituída apenas por mulheres negras, a Irmandade da Boa Morte, de Cachoeira, criada como resistência aos sofrimentos impostos pelo regime escravagista no século XIX, é tida como um dos primeiros movimentos feministas negros do país. Segundo Monteiro, relatos de irmãs mais velhas asseguravam a presença de Luíza Mahin como uma das fundadoras da instituição.

Não é difícil que isso tenha acontecido quando se sabe que, na cidade de Salvador, havia uma devoção exclusivamente feminina de "irmãs" negras que cultuavam Nossa Senhora da Boa Morte, na Igreja da Barroquinha. Ao lado da igreja, na Ladeira do Berquió, havia também um candomblé, igualmente frequentado pelos negros, em outro exemplo de sincretismo religioso. A igreja, que existe até hoje, fica a 550 metros da casa onde morava Luíza Mahin e muito provavelmente era frequentada por ela. As irmãs da Boa Morte em Cachoeira são unânimes em dizer que a devoção naquela cidade foi levada da capital por negras fugidas das insurreições que aconteceram em Salvador.

O historiador Paulo César de Souza também levanta a hipótese de que as irmandades de negros na Bahia poderiam ter, além das funções religiosas, o objetivo de enfrentamento às injustiças sociais. "Não parece haver como provar essa hipótese", escreveu. "Porém, por outro caminho, se houvesse sinais de envolvimento dessas irmandades nas revoltas sociais, seria porque os 'irmãos' não só se ajudavam a suportar sua condição como lutavam contra ela."[9]

A falta de documentação que comprove a efetiva participação de Luíza Mahin nesses movimentos tem feito com que, ao longo do tempo, sua figura ganhe contornos míticos que confrontam a historiografia oficial. Símbolo da luta feminista e referência na resistência ao escravismo, seu nome vem sendo estampado ao longo dos anos em coletivos de luta Brasil afora e serve como modelo para organizações libertárias há quase dois séculos.

Na opinião de João José Reis, uma das maiores autoridades no estudo dos movimentos de insurreição escrava no Brasil, "o personagem Luíza Mahin resulta de um misto de realidade possível, ficção abusiva e mito libertário".[10]

Parte i

"Nasci na cidade de S. Salvador, capital da província da Bahia, em um sobrado da rua do Bangla, formando ângulo interno, em a quebrada, lado direito de quem parte do adro da Palma, na Freguesia de Sant'Ana, a 21 de Junho de 1830, por volta das 7 horas da manhã, e fui batizado 8 anos depois, na igreja matriz do Sacramento, da cidade de Itaparica."

(Da carta de Luiz Gama a Lúcio de Mendonça)

Uma província
negra no Brasil

A Bahia foi feita com sangue negro. Primeira capital do Brasil, a cidade de Salvador foi fundada pelos portugueses em 1549 e, até 1763, funcionou como o coração de um país que servia para atender o modelo colonial de exploração das suas riquezas naturais a fim de satisfazer a demanda da Coroa, em Portugal.

Para dar forma a esse projeto, Portugal determinou a criação do governo geral do Brasil, cujo objetivo era incentivar a produção na colônia, a partir da Bahia. Dando dinamismo a esse modelo, o primeiro mandatário foi Tomé de

Sousa, que fundou a cidade de Salvador e estabeleceu as condições para o sucesso do empreendimento colonial.

A partir de 1558, partindo de Salvador, começou a penetração pelo interior em busca da expansão da exploração econômica. Inicialmente, o principal produto de exportação era o pau-brasil, em seguida veio a cana-de-açúcar. E foi justamente nesse momento, quando começou a indústria açucareira, que os portugueses encontraram no negro africano seu braço forte. "Os índios tinham uma cultura incompatível com o trabalho intensivo e regular e mais ainda, compulsório, como pretendido pelos europeus", escreveu o historiador Boris Fausto.[11]

Dentro dessa lógica, a partir de 1570 a Coroa passou a incentivar a importação de africanos, principalmente para trabalharem em Salvador e depois no Recôncavo Baiano, região próxima à capital cujas terras se mostraram propícias ao cultivo da cana. Antes disso, tratou-se de dizimar a população indígena que habitava aquelas terras. "Os colonizadores tinham conhecimento das habilidades dos negros, sobretudo por sua rentável utilização na atividade açucareira das ilhas do Atlântico", explicou Fausto.[12]

Nas estimativas do historiador, entre 1550 e 1855 entraram no Brasil 4 milhões de negros escravizados, tendo como destino principal inicialmente a Bahia e depois o

Rio de Janeiro.¹³ O negro se adaptou ao clima, semelhante ao de sua terra natal, e tornou rentável a indústria açucareira brasileira. Já de início, a conta fechou: percebeu-se que o custo de aquisição de um escravo era amortizado num prazo entre treze e dezesseis meses de trabalho. E não pararam mais de chegar negros na província.

Isso aconteceu num contexto de efervescência econômica na Bahia. Com a revolução no Haiti (1791-1804), os produtores baianos de açúcar conseguiram ocupar o lugar deixado pelo concorrente e não pararam de crescer. Se em 1790 existiam 221 engenhos na província, em 1818 já eram 315. As exportações também aumentaram, passando de 500 mil arrobas em 1789 para 2 milhões de arrobas em 1821. Tudo isso movido à engrenagem escravista.

O tráfico negreiro ganhou escala e se tornou um grande negócio nas mãos de poucos. Segundo um estudo feito pelo historiador Alexandre Vieira Ribeiro, entre 1788 e 1819, 10% das empresas que fizeram viagens de Salvador para a África foram responsáveis por 36% do total desses traslados.¹⁴ Os altos valores investido nessas expedições faziam com que poucos pudessem arcar com elas. Esse mesmo historiador levantou o custo da viagem do navio Ceres para a costa da África, em 1803, e concluiu que com aquele investimento o traficante poderia adquirir um engenho inteiro na Bahia, com todas as casas e ferramentas, o gado, os cavalos e carros de boi, a plantação de cana e as moendas.[15]

Cada viagem demandava a compra ou o aluguel do navio e a contratação de uma infinidade de profissionais, que iam dos mestres e contramestres aos cirurgiões, capelães e marinheiros. Sem contar com os insumos necessários, como tecidos, pólvora, armas de fogo, tabaco e aguardente.

Quando tudo dava certo, a empreitada compensava e enriquecia seu empresário, numa proporção de lucro maior do que o verificado no negócio dos engenhos. Isso porque um cativo era comprado na costa africana por um valor pelo menos três vezes menor do que aquele pelo qual seria vendido em Salvador.

Por outro lado, quando uma expedição dava errado e havia muitas perdas no trajeto, isso poderia levar um empresário à ruína. Foi o que aconteceu com o traficante Félix da Costa Lisboa, que perdeu 230 dos 340 escravos que trouxe do Golfo da Guiné em 1805. O motivo para tantas perdas se resume na ganância de um homem ávido por lucro, que alojou um grande número de cativos num espaço que não comportava tanta gente.

Salvador no século XIX

Superpovoada, suja, quente, com ruas estreitas e uma infinidade de becos que sobem e descem. Mal iluminada por lampiões movidos a azeite de baleia que frequentemente apagavam, causando escuridão nas noites sem lua. Assim os viajantes estrangeiros que passaram pela Bahia no século XIX descreveram a cidade de Salvador.

Os relatos, como observou a professora Moema Parente Augel, especialista em literatura afro-brasileira, são recheados dos preconceitos inerentes ao colonizador europeu e mesmo ao norte-americano que aqui chegava, mas servem para se ter uma ideia da vida urbana na Salvador oitocentista.

O navegador inglês Robert Fitzroy, por exemplo, afirmou ter se sentido "miseravelmente desapontado" quando se achou na "suja, estreita, superpovoada e quente Cidade Baixa". Fitzroy, que acompanhou uma expedição do naturalista Charles Darwin ao Brasil, em 1832, foi além e se disse "enjoado com a visão dos negros descalços".[16]

Em 1858, o viajante alemão Robert Christian Avé-Lallemant assim se referiu à cidade de Salvador: "Tudo parece negro: negros na praia, negros na cidade, negros na parte baixa, negros nos bairros altos, tudo que corre, grita, trabalha, tudo que transporta e carrega, é negro." Ele se impressionou com o fato de o negro, na maioria das ocasiões, fazer as vezes dos animais de carga. "A mim pelo menos pareceu que o inevitável meio de condução da Bahia, as cadeirinhas, eram como cabriolés nos quais os negros faziam as vezes de cavalos."[17]

O alemão Oscar Canstatt, que veio ao Brasil em 1871 para trabalhar na Comissão Imperial de Agricultura, impressionou-se com a sujeira das vias públicas. "Cachorros, gatos, às vezes até cavalos mortos podem ser vistos nas ruas em todos os estágios de decomposição, sem que a ninguém ocorra a remoção desses restos repugnantes", disse.[18]

Antes disso, em 1800, o navegador inglês John Turnbull já havia descrito a Cidade Baixa, com suas ruas tão sujas e estreitas, em "que dois vizinhos em sacadas opostas quase podem dar um aperto de mãos". Observou ainda que as igrejas e os conventos eram os únicos lugares onde mulheres brancas podiam ser vistas sem restrições. E finalizou enaltecendo as maravilhas naturais daquele lugar, no qual "o povo retribui com indolência a riqueza do solo".[19]

Também impressionado com as diferenças sociais entre as cidades alta e baixa, o militar inglês James Prior, que visitou a Bahia em 1812, disse ter visto na parte inferior "o povo, assemelhando-se a pobres e esquálidos objetos... mulheres de fácil acesso mostrando seus atrativos para o incauto, e às vezes crianças seminuas, suplicando caridade".[20] Já o missionário metodista Daniel Kidder, que visitou a Bahia em 1839, afirmou que a Cidade Baixa não oferecia atrativos para os estrangeiros e a classificou como um lugar "estafante para o branco", sobretudo pelo acesso à Cidade Alta por meio de uma "escalada das escarpas abruptas".[21]

A Cidade Baixa no século XIX era formada por uma única rua, paralela à praia, e por becos perpendiculares que subiam a encosta. Havia ali o cais do porto, com seus trapiches, e o edifício da Alfândega. Por lá se dava também o comércio popular, principalmente no mercado, colorido pelas frutas, pelos legumes e pelas aves engaioladas, como papagaios e araras. O cheiro que predominava, de acordo com o relato desses viajantes, era o de tabaco. Os baianos fumavam muito, inclusive as mulheres.

Nessa estreita rua principal que separava o mar dos trapiches e sobrados, o tráfego de pedestres era praticamente impedido pelas caixas de açúcar, pelos tonéis de aguardente, pelos fardos de algodão e fumo a serem embarcados nos navios. Além disso, havia a presença de muitos vendedores e artesãos, como os trançadores de cestas e chapéus de palha, que executavam seus trabalhos ao ar livre. Negros cativos e libertos perambulavam pelos becos e pelas vielas e só se distinguiam entre eles por um pequeno detalhe: os libertos normalmente usavam sapatos, enquanto os escravos andavam descalços.

Havia uma profusão de profissionais liberais que exerciam as mais variadas funções. O cônsul honorário britânico James Wetherell observou, em 1844, que os barbeiros, que muitas vezes atendiam seus clientes na rua, não apenas cortavam cabelo e faziam barba, mas também arrancavam dentes e realizavam sangrias com sanguessugas.[22]

As casas, na descrição de outro viajante, o pintor alemão Johann Rugendas, que visitou a cidade na segunda década do século XIX, tinham em geral de três a quatro andares, com poucas janelas. Eram assim construídas em vários pavimentos porque não havia espaço na pequena faixa entre o mar e a encosta.[23] Nessas moradias, em que pairava um "ar quente, pesado", segundo o pintor alemão, viviam os negros livres, carregadores, estivadores.[24] Era ali, na Cidade Baixa, que a vida pulsava e que se faziam os negócios. Por isso, era o local para onde iam os negociantes, artesãos, profissionais liberais. Passavam o dia e, às cinco da tarde, voltavam para a Cidade Alta por meio das rampas extremamente íngremes que permitiam o acesso. A área superior de Salvador era o local onde estavam os conventos, as praças arborizadas e as luxuosas residências para o repouso da burguesia.

Por apresentar menos exotismo, era também a Cidade Alta que recebia menor quantidade de menções nas descrições dos viajantes. Os poucos relatos se referem às igrejas, aos conventos e ao Passeio Público, com suas flores e árvores frutíferas, inaugurado em 1810. Outro ponto de visitas era o Theatro São João, primeira grande casa de espetáculos do Brasil, inaugurado em 1812.

Ao comerciante inglês Thomas Lindley, que esteve em Salvador em 1803, chamou a atenção o fato de as mulheres da sociedade não andarem livremente pelas ruas sem estarem "hermeticamente fechadas numa cadeirinha, ou segregadas em cabriolé".²⁵ Segundo ele, essas damas jamais eram vistas com liberdade, "exceto no recesso de suas casas". Os visitantes impressionavam-se também com a população extremamente católica, que se ajoelhava nas ruas quando passava a carruagem do arcebispo, como observou o escocês Alexander Marjoribanks, em 1850.²⁶

Marjoribanks reparou ainda no fato de os negros estarem sempre cantando. "Os escravos parecem a raça mais feliz que se pode imaginar", escreveu ele, numa visão superficial, segundo João José Reis.²⁷ Uma opinião de quem não percebia o valor do canto como um alívio ao espírito diante da barbárie do escravismo.

Thomas Lindley, além de não perceber o valor cultural daqueles cantos e danças – que seriam o embrião do samba –, reforçou o olhar discriminatório europeu ao dizer que aquela manifestação, "ainda que possa intencionalmente ser inofensiva, como divertimento, é certo que derruba as barreiras do decoro e, sem dúvida, abre o caminho para a depravação e o vício". Ao inglês incomodou o fato de, na dança, "juntarem-se uma pessoa à outra, em contato de modo estranhamente imodesto".²⁸

Mas não eram apenas o canto e a dança que chamava a atenção dos viajantes. Aos estrangeiros com o olhar mais acurado causava perplexidade o serviço forçado a que eram submetidos os negros no transporte de caixas, tonéis e demais utensílios pelas íngremes ladeiras que separavam as duas cidades. Objetos mais pesados, como móveis, cofres, pianos, eram içados por correntes ou cordas, o que exigia um esforço desumano por parte dos negros. Enquanto isso, como observou o historiador Richard Graham, "pessoas de condição mais alta se recusavam até mesmo a carregar pequenos pacotes pelas ruas".[29]

Não havia, nas palavras de alguns viajantes, trabalho mais perverso do que carregar enormes caixas de açúcar montanha acima, num calor de 32 graus. Em seu livro *Alimentar a cidade*, Graham observa que, pelo trabalho pesado, muitos negros tinham nos ombros grandes inchaços calosos.[30]

Ao missionário Kidder impressionou a ausência da tração animal na Bahia daquele meado do século XIX. Ao contrário da Europa e dos Estados Unidos, pontuou o religioso, na Bahia ainda persistia a tração humana, tanto para transportar mercadorias, como pessoas. "O transeunte não encontra ônibus, carro ou sege que o transporte", escreveu Kidder, em 1839.[31] "Condizente com este estado de cousas, acha porém, em todas as esquinas ou logradouros públicos, uma fila de cadeiras fechadas com cortinas, cujos portadores, de chapéu na mão, cercam avidamente os possíveis fregueses."

A mesma observação é feita pelo médico espanhol Manoel Almagro, que visitou Salvador em 1862. "A Bahia é talvez, ou seguramente, a única cidade da Europa ou da América onde ainda se usam as cadeiras de mão para se andar nas ruas",[32] escreveu.

Além do trabalho forçado, chamava a atenção dos estrangeiros a péssima condição de salubridade a que eram submetidos os negros. E, em consequência dela, o grande índice de mortalidade entre os escravos. A ponto de o cônsul britânico em Salvador, Charles Pennell, declarar, em 1827: "A mortalidade anual é tão grande que, a menos que seus números sejam aumentados com importações, toda a população escrava se tornará extinta com o decorrer de aproximadamente vinte anos."[33]

Era comum que se expusessem nas portas dos armazéns, ou até mesmo nas vias públicas, os negros recém-chegados da África e já colocados à venda. Thomas Lindley, em seu diário sobre a visita à Bahia, descreveu a chegada de cinco navios negreiros a Salvador, em 1803, com "ruas e praças da cidade atravancadas de grupos de seres humanos expostos à venda em frente às portas dos diversos negociantes".[34]

Já para a desenhista e escritora britânica Maria Graham, que visitou a Bahia entre os anos de 1821 e 1823, causou estranheza a maneira como os negros desembarcaram de um navio negreiro. "Ao comando de seu feitor, estão a cantar uma das canções de sua terra em um país estranho. Pobres desgraçados."[35]

O NAVIO NEGREIRO

Porões com temperaturas que atingiam 55 graus. Homens e mulheres misturados a fezes e urina. Alimentação precária, à base de milho, e meio litro de água por dia para beber. Assim era a rotina dos escravos nos navios negreiros que cruzavam o Atlântico para abastecer de mão de obra os engenhos de açúcar da Bahia.

A água para beber era transportada em grandes tonéis, de 500 litros cada. Para servir a cem cativos durante os trajetos, levavam-se em média 25 tonéis, o que ocupava muito espaço na área de carga, onde iam também a lenha e os gêneros alimentícios. Por isso era comum, na última hora, o comandante embarcar menor quantidade de água para caberem mais escravos a bordo. Isso acontecia até mesmo depois da promulgação de uma lei portuguesa de 1864 que determinava a obrigatoriedade de serem servidas três refeições e 2,6 litros de água por dia a cada cativo transportado.

O abolicionista inglês Thomas Clarkson narrou em seu livro *Os gemidos dos africanos, por causa do tráfico da escravatura*, de 1823, o martírio pelo qual passavam os negros, desde a captura até a chegada à colônia do outro lado do Atlântico. Valendo-se dos relatos do viajante Mungo Park, ele contou que os escravizados capturados nas regiões distantes do mar viajavam a pé até o porto de embarque, amarrados em duplas, com cordas nas pernas e no pescoço.[36] Muitas vezes, segundo Clarkson, os escravizados cumpriam longas jornadas através de desertos, com sede e fome. Alguns, quando podiam, tiravam a própria vida por não suportarem o sofrimento. Como uma africana que ingeriu grande quantidade de terra e agonizou durante horas, antes que fosse deixada na beira da estrada pelos feitores, já que não tinha condições de seguir adiante.[37]

Nos portos, os africanos podiam esperar até cinco meses pelo embarque, prazo para que se arregimentasse quantidade suficiente de escravos para a viagem. Ficavam em masmorras até serem levados às caravelas. O momento mais tenso era a partida, precedida da marcação de cada cativo, no ombro, na coxa ou no peito, a ferro em brasa. Depois eram batizados por padres portugueses e recebiam nomes cristãos, como Francisco, José, Maria. Até que se perdesse de vista a costa, os negros eram mantidos acorrentados, para evitar fugas.

Segundo Thomas Clarkson, nos navios os homens eram "postos em ferros" no porão, separados de mulheres e crianças, que iam no convés. Quando chovia, as escotilhas ficavam fechadas para não entrar água. O compartimento se transformava então num verdadeiro forno, e podiam ser ouvidos os gritos nos dialetos africanos.[38]

Sempre viajava junto um capelão, e a Igreja era muito bem paga para isso. Além da remuneração do religioso, destinava-se uma taxa que funcionava mais ou menos como um imposto. Esse "agrado" para que a Igreja fechasse os olhos para a barbárie criou uma dependência financeira em algumas regiões mais pobres. A diocese de Luanda, em Angola, por exemplo, entrou em profunda crise com a abolição da escravatura no Brasil, em 1888.

Eram comuns os relatos feitos pelos religiosos, dando conta das viagens. Como o do frei Sorrento, capuchinho italiano que acompanhou, em 1649, a viagem de novecentos negros de Angola para a Bahia. "Aquele barco [...], pelo intolerável fedor, pela escassez de espaço, pelos gritos contínuos e pelas infinitas misérias de tantos infelizes, parecia um inferno", afirmou.[39]

Enquanto duraram, as viagens dos navios negreiros espalharam terror e morte pelas águas do Atlântico. Logo no início da travessia, eram comuns os casos de suicídio, já que muitos negros ficavam abatidos pela depressão, ou "banzo", como se dizia. Em alto-mar, quando, por um simples erro de cálculo, ficava ameaçado o suprimento de água ou comida a bordo, eram frequentes as execuções sumárias. Nesses casos, muitos negros acabavam jogados no oceano.

Mas as principais causas de morte eram mesmo as pestes, provocadas pela contaminação da água e pela falta de higiene. Tifo, febre amarela e infecções intestinais estavam entre as moléstias mais comuns. Sem falar no escorbuto, causado pela falta de vitamina C, que deixava as gengivas em carne viva, e nas infestações por sarna e piolho. A média de baixas entre a carga humana era de 30%, podendo atingir muito mais do que isso.

O historiador Luiz Vianna Filho teve acesso a um livro de registros do porto de Salvador que contabilizou as viagens com escravos vindas da África entre os anos de 1803 e 1810. Numa dessas travessias, da Costa Mina até a Bahia, o número de baixas chegou a 40,5% dos embarcados. Em outra, vinda de Angola, a 34%.[40]

Já em outro estudo, da Universidade de Emory, nos Estados Unidos, é possível conhecer o sadismo dos portugueses nos nomes adotados para as caravelas que transportavam escravos. "Bom Caminho", chamava-se uma delas, que transportou 342 cativos da África para Salvador em 1817. "Alegria dos Anjos" foi o nome dado a outra, que levou em média 168 africanos por viagem entre os anos de 1821 e 1822.[41]

Preocupados em ganhar o máximo gastando o mínimo, os traficantes negligenciavam a necessária revisão de cada navio depois das longas viagens. Assim, observou Kátia Mattoso, as embarcações eram postas em novas travessias sem os "consertos indispensáveis, a limpeza da quilha, a verificação do bom estado dos 'currais', da solidez dos ferros, das guardas de proteção do convés, do cordame". O resultado se traduzia em frequentes acidentes e naufrágios.[42]

Quando conseguiam lograr êxito, os traficantes chegavam do lado de cá do Atlântico com a "mercadoria" em estado deplorável. Muitos africanos desembarcavam esquálidos, doentes e abatidos moralmente. Passavam então por um estágio de engorda, submetidos a farta alimentação à base de carne seca, peixe salgado, farinha de mandioca, bananas e laranjas. Em seus corpos, antes de serem colocados em exposição, era passado óleo de palma para esconder as doenças de pele e dar brilho. Tudo isso a fim de que o capital investido retornasse em dobro, triplo, quádruplo para o vendedor.

Parte 2

"Dava-se ao comércio [minha mãe] – era quitandeira, muito laboriosa, e mais de uma vez, na Bahia, foi presa como suspeita de envolver-se em planos de insurreições de escravos, que não tiveram efeito."

(Da carta de Luiz Gama a Lúcio de Mendonça)

Guiné, Angola e Costa Mina

A vinda de escravos para o Brasil funcionou de início como uma continuação do tráfico que já era praticado entre a África e Portugal. O primeiro e menor ciclo desse traslado negreiro para a Bahia foi o da Guiné. Situa-se em torno de 1550, segundo Luiz Vianna Filho, na fase em que o Brasil deixou de exportar escravos índios para importar negros. Já em 1584, o jesuíta José de Anchieta estimou que houvesse na Bahia cerca de 3 mil africanos.[43]

No século XVII, aquilo que funcionou cem anos antes quase de maneira experimental, com os primeiros negros movendo a engrenagem econômica da província, ganharia maior dimensão com os escravos vindos de Angola. Contribuiu para a escolha dessa região fornecedora a menor distância até o Brasil: eram cerca de quarenta dias de viagem, contra sessenta no antigo ciclo.

Os bantos, etnia dos negros de Angola, foram os primeiros importados em grande escala para a Bahia. Eram dóceis, funcionavam bem segundo a perspectiva do colonizador, sobretudo nos afazeres domésticos, e eram traficados da África em troca de aguardente, tecidos, facas e pólvora. Viraram por um tempo a cara da Bahia. Em 1750, metade da população da capital baiana era composta desses escravos.

Mas o maior ciclo ainda estava por vir. Um escravo valia de oito a dez rolos de fumo no escambo praticado entre a Bahia e o Benin, na chamada Costa Mina, na África, nos séculos XVIII e XIX. O fotógrafo francês Pierre Verger, que se radicou na Bahia no século XX e passou a investigar a diáspora africana, levantou alguns motivos para o sucesso dessa parceria comercial: para começar, aquela região da África era a única que aceitava o fumo de terceira qualidade produzido na Bahia, que não era bem recebido no reino português e sobrava como refugo.[44]

Além disso, existia uma autorização velada da própria Coroa portuguesa para que se transportasse tabaco baiano a essa costa africana, a fim de ser trocado por escravos que trabalhariam nas lavouras de cana do Recôncavo Baiano. Isso porque Angola – outro centro exportador de mão de obra – passou a sofrer de uma epidemia de varíola, também conhecida como bexiga, que afugentava os traficantes. Dessa forma, observou Verger, estabeleceu-se uma peculiar relação bilateral entre a Bahia e o Benin nesse período, fugindo à regra das viagens triangulares envolvendo a Europa, a África e a América que até então eram praticadas.

O sucesso desse escambo fez com que a Bahia dos séculos XVIII e XIX ficasse superpovoada de escravos do Benin. O historiador Luiz Felipe de Alencastro chegou a se referir a Salvador como "metrópole da Costa Mina nos anos setecentos".[45] Outro estudioso, o historiador David Eltis, estimou que o porto de Salvador tenha recebido mais de 80% de todos os escravos do Golfo do Benin que chegaram ao Brasil nesses séculos.[46]

A maior parte do povo africano que chegou à Bahia nos séculos XVIII e XIX embarcou no local onde hoje se situa a cidade de Ajudá, no litoral da atual República do Benin. Ali se conserva a dolorosa lembrança da despedida dos que viajaram para nunca mais voltar, por meio da chamada "Porta do Não Retorno", memorial erguido pela Organização das Nações Unidas para a Educação, a Ciência e a Cultura (Unesco). Junto ao mar, ao fim da "Rota dos Escravos", o memorial consiste numa estrada de três quilômetros, com pilares brancos sinalizando o caminho sem volta. Calcula-se que mais de 1 milhão de cativos tenham passado por esse lugar antes de embarcar nos navios negreiros. Uma pequena minoria voltou, quando conquistou a liberdade no Brasil. Outros, quando já eram livres, acabaram expulsos das terras brasileiras depois do envolvimento em insurreições como a Revolta dos Malês.

Muito possivelmente, Luíza Mahin saiu desse antigo porto africano na viagem que a trouxe para o outro lado do Atlântico. E, segundo relatos ouvidos por seu filho, Luiz Gama, pode ter retornado depois de deportada pelo governo brasileiro por suposta participação em insurreições. Em Ajudá existe uma comunidade de descendentes de cativos que nasceram ou estiveram no Brasil. São os Souzas, Silvas, Santos e Almeidas, que mantêm tradições brasileiras mesmo sem nunca ter pisado no país. Festejam o Carnaval e comemoram o dia de Nosso Senhor do Bonfim. Além disso, torcem para o Brasil a cada quatro anos, na Copa do Mundo. E, o mais curioso, usam o nome "Bahia" para designar, de um modo geral, todos os lugares situados fora da África.

Seus antepassados tinham origem nagô e muitos eram seguidores da religião muçulmana. Alguns sabiam ler e escrever em árabe. Entre 1820 e 1835, 57,3% dos escravos africanos da Bahia vinham do Golfo do Benin e eram chamados de "os filhos de Alá na Bahia". Era um povo experimentado em conflitos entre etnias na África, vítima de lutas internas, que usaria essa prática belicosa para planejar insurreições em território brasileiro. Eram reconhecidos por portarem amuletos islâmicos, como saquinhos de couro que continham extratos do Corão, o livro sagrado do Islã. Costumavam usar também anéis de ferro em vários dedos e repudiavam a carne de porco. Alimentavam-se com a de carneiro.

Coincide com a chegada desses africanos à Bahia a ocorrência de vários levantes ao longo do século XIX, que culminaram na Revolta dos Malês, em 1835. Já no início daquele século, o Conde da Ponte, que governou a Bahia de 1805 a 1809, chegou a dizer que os africanos que ali chegavam vindos do Golfo do Benin colocavam em risco a paz do sistema escravista. Isso porque pertenciam a "nações as mais guerreiras da Costa Leste africana".[47]

Os nagôs, nas palavras de Luiz Vianna Filho, formaram um grande núcleo negro de reação e modificaram o ambiente social da Bahia. Com a chegada deles, a cidade de Salvador e o Recôncavo Baiano perderam a tranquilidade que lhes dera o negro de Angola, que chegara anteriormente e tinha personalidade mais dócil. "A Costa Mina não nos mandara apenas negros escravos", escreveu Vianna Filho. "Com eles, exportara uma fé."[48]

Um século de lutas

Com a chegada dos africanos nagôs, somada à crise econômica e social da Bahia e ao aumento do trabalho e piora nas condições de vida para os escravos, o século XIX foi marcado por revoltas, tanto urbanas como em áreas rurais da província.

No entorno de Salvador havia uma grande quantidade de quilombos e terreiros religiosos, que concentravam muitos africanos urbanos, aqueles que trabalhavam no "ganho" e, por isso, tinham fácil mobilidade entre a cidade e os subúrbios. Embora reprimidos pelo Conde da Ponte, presidente da província no início do século, esses pontos de encontro serviram de base para as primeiras rebeliões escravas que ocorreram em território baiano nessa época.

A primeira revolta de que se tem notícia aconteceria no dia 28 de maio de 1807, quando a cidade estaria distraída nas comemorações de Corpus Christi. Mas a conspiração foi denunciada por um escravo delator e seus líderes foram presos antes que ela viesse a acontecer.

A denúncia chegou ao presidente da província no dia 27, e ele logo determinou reforço nas saídas da cidade, a fim de evitar fugas, além do envio de uma tropa à casa onde se preparava o levante. Ali, foram presos de imediato sete escravos e, em seguida, outros três que tentavam fugir. Com eles, foram apreendidas quarentas flechas, além de arcos, facas, uma pistola, uma espingarda e um tambor.

O plano dos insurgentes, segundo relato dos presos, era atear fogo à casa da Alfândega, que ficava na Cidade Baixa, e a uma capela no bairro de Nazaré. Isso serviria para distrair as forças policiais enquanto grande contingente de africanos se dirigiria ao porto para se apossar de navios ancorados e, depois, rumar para a África.

O levante não deu certo, mas foi motivo para o endurecimento das medidas repressivas: foram proibidas reuniões, festas e todo tipo de comemoração de africanos, livres ou cativos, na cidade de Salvador e no Recôncavo.

O presidente baixou ainda uma norma determinando o toque de recolher a todo escravo que não tivesse um salvo-conduto, a partir das seis da tarde, quando era rezada a Ave-Maria por toda a cidade. A pena para quem fosse pego descumprindo a ordem eram 150 chibatadas.

A política repressiva do Conde da Ponte – que havia sido colocada em prática já na sua chegada ao poder, em 1805, com o aniquilamento de um quilombo perto de Ilhéus – gerou grande tensão na população negra da Bahia. O conflito só ganhou certo alívio em 1808, quando se anunciou que a família real e Dom João fariam uma estada em Salvador antes de desembarcarem no Rio de Janeiro.

Com a invasão de Portugal pelas tropas de Napoleão Bonaparte, a família real resolveu se mudar para sua colônia no Brasil, e a primeira parada foi em Salvador. Entre os africanos, circulou uma esperança de que, diante dos olhos de Dom João, o Conde da Ponte seguraria seus ímpetos repressivos. Tanto assim que uma comissão de cativos não identificados fez chegar ao presidente o seguinte recado: "Don[o] da Terra chegou. Cento e cinquenta acabou." Essa ameaça dos escravos contra as chibatadas que recebiam chegou ao conhecimento do viajante James Henderson e depois foi narrada em seu livro *A History of the Brazil*, de 1821.[49]

Mas nada mudou. Nos 35 dias que passou em Salvador, hospedado no palácio do presidente da província, Dom João mostrou-se muito mais preocupado com questões diplomáticas do que com os escravos. Foi ali que tomou uma das medidas mais importantes dos treze anos que passou no Brasil: a ordem para que os portos brasileiros fossem abertos às nações amigas. Com isso, tirou o Brasil do isolamento comercial em que a colônia vivia, autorizada a fazer transações comerciais apenas com Portugal.

Em sua passagem pela Bahia, Dom João aprovou ainda a criação da primeira escola de medicina do Brasil, em Salvador. E nada mais. Em 26 de fevereiro, partiu para o Rio de Janeiro, deixando para trás um rastro de descontentamento entre as camadas mais vulneráveis da sociedade que culminaria em sedições futuras.

Já em 1809 foi registrado novo movimento rebelde entre escravos, dessa vez na cidade de Nazaré das Farinhas, no Recôncavo. Situada às margens do Rio Jaguaribe, a cidade recebera os primeiros engenhos de açúcar na colonização portuguesa, pelo fácil aceso fluvial. Mas foi a abundância de mandioca, usada na fabricação de farinha, que deu o nome popularmente usado no lugar.

No século XIX, Nazaré era um dos mais importantes entrepostos da Bahia. E foi perto dali que um grupo de africanos fugidos de Salvador se juntou a outro, que vinha dos próprios engenhos da região, para formar um quilombo numa área escondida, às margens do rio. No dia 5 de janeiro, cerca de trezentos negros desse quilombo atacaram a cidade para conseguir armamento e munições. Dessa vez não houve delação, mas mesmo assim as forças policiais conseguiram conter os revoltosos, já que eles não dispunham de armas de fogo. Entre os insurgentes houve mortos e feridos. Dias depois, tropas enviadas de Salvador encontraram nas matas escravos que se escondiam. Ao todo, 83 homens e doze mulheres foram capturados.

O que mais preocupou as autoridades foi o fato de, nessa tentativa de levante, ao contrário das outras, haver africanos de diversas etnias. Ficou claro que, dali por diante, diferenças étnicas não seriam empecilho para novas rebeliões. Isso os tornava muito mais fortes para futuros levantes.

As medidas restritivas se intensificaram ainda mais depois desse episódio. Foi determinado que nenhum escravo de ganho poderia se ausentar das dependências de seu senhor por mais de 24 horas e estabelecida uma multa para proprietários de hospedarias que alugassem quartos a escravos. Além disso, foi dada autorização para matar qualquer africano suspeito que resistisse a ordem a prisão.

Esses tempos ásperos, de ferrenha perseguição aos africanos, só tiveram certo alívio ao fim do mandato do Conde da Ponte. O novo presidente da província, o Conde dos Arcos, que governaria de 1810 a 1818, mostrava uma mão mais leve na condução da questão escravagista. Criticava o tratamento hostil dado aos negros, com excesso de trabalho e condições de vida desumanas. E acreditava que permitindo o exercício livre das tradições culturais de cada etnia estaria expondo as diferenças e trabalhando, veladamente, contra a união dos escravos para futuros levantes.

Ainda assim, ao menos duas rebeliões escravas aconteceram na província durante seu mandato, uma delas de grandes proporções. Ela se deu numa segunda-feira, dia 28 de fevereiro de 1814, com início numa propriedade pesqueira em Itapuã, localidade litorânea distante do centro de Salvador pertencente a Manoel Ignácio da Cunha Menezes. Os escravos incendiaram as instalações e mataram o feitor e seus familiares. O fato chamaria a atenção das autoridades pelo alto grau violência: não eram comuns os ataques a crianças e, dessa vez, não foram poupadas duas meninas que tentaram se refugiar junto à mãe, uma parda de nome Marcelina, casada com o feitor.

Em seguida, outras unidades de pesca da região também foram tomadas de assalto e, na sequência, o movimento rebelde chegou à Vila de Itapuã, onde residiam alguns pescadores que também não foram poupados. A essa altura, o movimento insurgente já contava com cerca de duzentos negros, vindos de variadas localidades para o levante previamente programado.

A ideia dos insurgentes era rumar para o Recôncavo, onde dariam continuidade ao levante com o reforço de escravos dos engenhos de açúcar. E para lá o grupo seguiu, margeando o Rio Joanes. No caminho, entretanto, os revoltosos entraram em confronto com tropas de milicianos enviadas por grandes senhores da região. Mais à frente, soldados da cavalaria destacados pelo presidente da província chegaram para acabar com o motim.

De posse apenas de armas brancas, os rebeldes não conseguiram enfrentar o poder dos fuzis e foram massacrados depois de cerca de oito horas amotinados. Na batalha final, às margens do Rio Joanes, cerca de cinquenta negros foram mortos e alguns conseguiram fugir. Muitos morreram a tiros e outros, afogados, quando tentaram a fuga pelo rio. Considerado liberal e condescendente com os negros, o Conde dos Arcos repreendeu o comandante da operação, major Manuel da Rocha, pelo excesso da força empregada contra "uns miseráveis".[50]

De acordo com os processos contra os insurgentes presos, o líder do levante, que culminou com a morte de quatorze moradores da região e o incêndio de oitenta casas, era um africano conhecido como João Malomi, que morreu na batalha do Rio Joanes. Para João José Reis, que estudou o acórdão com a decisão final da Justiça contra os insurgentes, o segundo nome de João seria uma derivação da palavra málàmi, que na língua haussá quer dizer mestre religioso. Reis não tem dúvidas de que a formação militar desse levante foi inspirada em táticas guerreiras africanas.[51]

Segundo o acórdão, João Malomi teria preparado o movimento em um quilombo localizado nas matas do Sangradouro. Enquanto isso, em Salvador, outro africano, conhecido como Francisco Cidade, angariava adeptos, provimentos e armamentos para o levante, como arcos, flechas, machados, lanças, cutelos e espadas. Todo esse material seria estocado na casa da "amásia" de Francisco, a liberta Francisca.

Ao final dos processos, que julgaram 52 negros, 39 foram condenados a penas diversas, que foram de morte a açoites, passando por deportações. Francisco e Francisca foram condenados à pena capital, mas depois tiveram as condenações reduzidas a açoites e degredo para a África, porque conseguiram provar que não estavam presentes nos atos cruéis que culminaram com a morte dos moradores. Outros três africanos, que participaram dos homicídios, não conseguiram escapar e acabaram enforcados na Praça da Piedade, numa cerimônia de gala que aconteceu no dia 21 de novembro daquele ano.

O outro levante ocorrido na gestão do Conde dos Arcos teve início em 12 de fevereiro de 1816, novamente no Recôncavo, quando escravos se rebelaram depois de uma comemoração religiosa em Santo Amaro. A cidade, também com importância econômica baseada no açúcar, chegou a ter 61 engenhos. É lugar de forte influência africana, sendo considerada o berço do samba de roda.

No Recôncavo, os trabalhos forçados a que eram submetidos os escravos eram mais pesados do que nas demais localidades. Não havia descanso sequer aos domingos, como observou o viajante alemão Robert Christian Avé-Lallemant, ao afirmar que nunca vira maior "profanação do preceito dominical" do que naqueles engenhos de açúcar. Em seu relato, Avé-Lallemant disse ainda que nesse dia da semana, "os bois, os jumentos e os criados e criadas devem descansar, isso disse o Senhor; e embora não tivesse falado dos negros escravos, eles estão incluídos nessa sua mercê". [52]

A insurreição de fevereiro de 1816, que começou com uma aparente desordem, com negros promovendo um quebra-quebra, ganhou grandes proporções e terminou quatro dias depois, com engenhos incendiados e brancos assassinados. Dessa vez quem reprimiu o movimento foram as milícias dos próprios senhores, sem ajuda das tropas oficiais. Preocupados com possíveis levantes, os senhores haviam se preparado e se armado para enfrentar rebeliões. Depois do episódio, o organizador dessas milícias, coronel Jerônimo Fiúza Barreto, passou a ser chamado de "Salvador do Recôncavo". Segundo o naturalista alemão Johann Baptist Von Spix, que visitou a Bahia entre 1817 e 1820, as milícias contavam com mais de 4 mil homens, apenas em Salvador, distribuídos em seis regimentos.

A província da Bahia tinha uma força militar de 23.070 homens e mais 19.932 compunham as milícias. "Como as milícias da cidade são constituídas pela gente melhor e mais rica da sociedade, muito concorrem para a manutenção da ordem, sendo tanto mais úteis do que a polícia, porque esta é impotente, age sem consequência, por falta de meios e por causa da grande quantidade de negros, que podem ser contratados para qualquer mau intuito", escreveu Spix.[53]

A organização dos senhores de engenho do Recôncavo encontrava explicação diante do abrandamento nas medidas de repressão, promovido pelo Conde dos Arcos. Em 27 de fevereiro de 1816, logo depois do levante, eles se reuniram e decidiram enviar ao presidente da província uma petição solicitando medidas mais severas, como deportação sumária de africanos livres suspeitos e enforcamento, mesmo sem julgamento, de insurgentes.

Como as ações repressivas não foram aceitas, os senhores iniciaram uma pressão para tentar derrubar o presidente provincial. Em julho, mandaram um emissário ao governo central, no Rio de Janeiro, para comunicar o descontentamento com o mandatário da província. Para alívio da oligarquia baiana, o Conde dos Arcos deixou o governo em 1818 e houve um período de aparente paz nas senzalas. Mas por um motivo alheio à questão escravagista: a Guerra de Independência da Bahia, que começou em 19 de fevereiro de 1822 e só terminou em 2 de julho de 1823.

A Guerra da Independência

Os embates pela independência da Bahia, nos quais de um lado lutaram portugueses, interessados em manter a província sob o comando de Portugal e, do outro, os brasileiros que defendiam a emancipação da coroa, aparentemente não tiveram ligação com a causa dos negros e mulatos. Mas só na aparência.

Entre a população negra da cidade havia profunda simpatia à causa da independência e grande hostilidade contra os portugueses. Estava nas mãos dos lusitanos a maioria do comércio da cidade e era atribuída a eles a carestia dos produtos. Sendo assim, a qualquer pretexto a população de baixa renda se mobilizava contra esses "inimigos". Foi célebre, por exemplo, a saraivada de pedras desferida por moleques de cor contra carolas portuguesas que saíram em procissão pelas ruas, em março de 1822, em homenagem a São José.

Em outro episódio de maior gravidade, ocorrido em janeiro de 1823, um grupo de dez pessoas saiu pela Rua do Caquende, em Salvador, em perseguição ao cabo português Melquiades José Dias Macieira. Aos gritos de "mata maroto" — como eram chamados pejorativamente os lusitanos —, os brasileiros só não mataram o militar porque chegaram reforços. Parte do grupo foi presa e a outra conseguiu fugir.

Pouco depois disso, numa esquina de Salvador onde havia grande quantidade de comerciantes portugueses, um pasquim afixado em um poste dizia: "Fora maroto para a sua terra, morrão os caiados (brancos), viva os cabras (mulatos escuros) e os negros que também queremos governar. Adão foi um só, as cores são acidentes, por que não há de governar mulato negro Presidente?"

Enquanto a elite baiana se refugiava no Recôncavo, longe do perigo dos tiros e das baionetas, os negros estavam na linha de frente das batalhas: as chamadas "tropas de cor" tiveram papel importante nos confrontos e na resistência à invasão portuguesa a Salvador, e mesmo quem não estava oficialmente nas batalhas pela independência ajudava como podia no conflito antilusitano. Um exemplo era a negra Maria Felipa de Oliveira, que tinha a função voluntária de liderar os sentinelas de Itaparica, no outro lado da Baía de Todos os Santos, para anunciar a chegada de inimigos portugueses na ilha.

A presença dos negros era tão importante que chegou a ser pedido ao conselho interino de governo da Bahia que recomendasse a libertação de alguns escravos para servirem nas Forças Brasileiras. Vereadores das Câmaras Municipais, entretanto, não concordaram, receosos de armar essa população para possíveis futuros levantes. Ainda assim, muitos escravos fugiram para se unir às Forças Brasileiras. Mais tarde, esses negros considerados "patriotas" foram recompensados pelo governo com recomendações de alforria.

Mas apesar de depender do braço negro para enfrentar o inimigo português, a elite baiana, formada pelos senhores de engenho, temia que os ideais de emancipação e liberdade inflados pelo movimento de independência atingissem as senzalas. No entanto, pelo menos no sentido das rebeliões que vinham acontecendo, não foi o que se deu. Foram praticamente inexistentes as revoltas de africanos na Bahia durante o período da Guerra da Independência. Como disse João José Reis, "os escravos em geral entenderam não ser uma boa ideia rebelarem-se num momento em que seus senhores se encontravam tão bem armados".[54]

Entre 1822 e 1823 houve apenas registros de casos isolados e sem maior planejamento, como um levante num engenho de Itaparica, que foi facilmente controlado, e outra tentativa de insurreição, no mesmo ano, ocorrida nas imediações de Salvador, com alguns escravos capturados e executados sumariamente. Outro levante desse período ocorreu no mar e foi pouco estudado até os dias de hoje. Aconteceu em 1823, quando um navio negreiro que estava chegando à Bahia foi tomado pelos escravos a bordo. A embarcação, segundo o historiador Clóvis Moura, trazia negros da etnia macua, de Moçambique. A tripulação foi atacada com pancadas de toras de lenha.[55]

Documentos pesquisados por Moura revelaram que a revolta foi puramente ocasional, sem uma devida preparação e sem planejamento. O movimento, entretanto, teve um líder apontado como o dirigente do levante: o negro José Toto ou José Pato, como testemunharam depois alguns dos africanos presos. O motivo da rebelião, segundo depoimentos desses mesmos escravos, era o temor de serem comidos em terra pelos brancos.

Em 1824 foi a vez de um novo motim na cidade de Salvador, praticado por negros, mas que não tinha a ver diretamente com a causa escravagista. Rebelaram-se os soldados do Terceiro Batalhão de Caçadores do Exército, ou "Batalhão dos Periquitos", como eram chamados, pelo uniforme verde. Eram quase todos escravos que haviam conseguido a liberdade depois de terem servido na Guerra pela Independência da Bahia. Eles tomaram as ruas em 21 de outubro, em protesto contra a notícia de que seriam transferidos para servir em Pernambuco.

Os revoltosos mataram o governador de Armas, coronel Felisberto Gomes Caldeira, e ficaram amotinados até o início de dezembro, num movimento caracterizado por ser antilusitano e contra o regime de governo. Foram por fim vencidos pelas tropas legalistas, entregaram as armas e se renderam. Dois líderes do movimento receberam pena de morte e o batalhão foi dissolvido. Pelas ruas, enquanto durou o levante, foram registrados inúmeros saques ao comércio, praticados pela população civil que apoiava os insurgentes.

Passados os movimentos pela independência da Bahia e seus desdobramentos, voltaram a acontecer, na província, novos levantes escravos. O primeiro deles, a 25 de agosto de 1826, em Cachoeira, no Recôncavo. Tratou-se de uma tentativa de motim que foi prontamente sufocada. Nem quatro meses se passaram e outra revolta tomaria conta de uma região nas imediações de Salvador.

Tudo começou quando uma família de lavradores surpreendeu alguns africanos que roubavam suprimentos para levar a um esconderijo, um quilombo que havia no subúrbio da cidade, chamado Urubu. A ideia dos negros era garantir abastecimento para uma conspiração que estava em curso. Com a descoberta, eles atacaram aqueles que testemunharam o roubo, ferindo inclusive uma criança de 7 anos.

O refúgio dos escravos ficava numa região fechada de Mata Atlântica, às margens da Lagoa do Urubu, e por isso tinha esse nome. A comunidade se alimentava de peixes e de um roçado de subsistência, à base de mandioca. Mas os recursos eram escassos, e por isso eles buscaram reforçar os suprimentos para abastecer mais gente durante a rebelião.

A notícia do ataque aos lavradores logo correu, e na manhã do dia seguinte capitães do mato tentaram invadir o quilombo, mas foram rechaçados. Três deles tombaram mortos e seus corpos foram mutilados. Outros três acabaram gravemente feridos. Mesmo assim, alguns desses caçadores de escravos conseguiram fugir e alcançar guardas da polícia que haviam sido deslocados de Salvador para conter os revoltosos.

Com o contingente reforçado por mais 25 milicianos vindos de Pirajá, bairro na entrada da cidade, o grupo atacou o Quilombo do Urubu. Cerca de 50 negros estavam no esconderijo. Houve um sangrento confronto, no qual os africanos se defenderam como puderam, com facas e lanças. Mais bem armada, a força oficial conseguiu conter os revoltosos. Três homens e uma mulher foram mortos e algumas pessoas foram presas. A maioria, porém, fugiu para a mata. Já era noite quando chegou uma tropa com duzentos soldados enviados pelo presidente da província, como reforço. Mas o confronto havia terminado. Entre os presos, estava uma negra de nome Zeferina, que com um arco e flecha nas mãos enfrentou bravamente os soldados armados com espingardas.

Interrogados dias depois, os presos contaram que o plano dos revoltosos era receber o reforço de muitos africanos, que chegariam de Salvador na véspera do Natal, e então invadir a capital, matar os brancos e reaver a liberdade.

Nas imediações do quilombo havia também um candomblé, dirigido por um mulato chamado Antônio. Não se sabe ao certo se ele tinha envolvimento com os revoltosos. Era incomum que mulatos brasileiros aderissem a movimentos de escravos africanos. De todo modo, Antônio também foi preso e condenado a trabalho forçado. O local do antigo Quilombo do Urubu e do candomblé é até hoje considerado sagrado pelos seguidores dessa religião afro-brasileira. Fica ali o Parque São Bartolomeu, uma das últimas áreas de Mata Atlântica nativa da cidade.

Com menor importância, outras insurreições escravas ainda aconteceram, de modo isolado, entre 1827 e 1831. Uma delas, em março de 1828, teve como palco novamente uma propriedade pesqueira de Itapuã. Depois de incendiarem dois galpões, no dia 12, os escravos rumaram para Pirajá, tendo no caminho queimado engenhos e saqueado casas.

Avisado da insurreição, o governo enviou tropas no encalço dos revoltosos que, antes de chegarem a Pirajá, foram barrados na região conhecida como Engomadeira, porque havia grande quantidade de mulheres que lavavam e engomavam roupas na beira do rio. No século XIX esse lugar tinha muitas fontes e nascentes e ainda era completamente rural. Ali, aconteceu uma batalha sangrenta entre os escravos revoltosos e a polícia, que resultou em vinte africanos mortos e oito soldados feridos.

Dois anos depois, a estratégia adotada pelos insurgentes mudaria, e eles passariam a organizar levantes urbanos e não mais nas regiões periféricas e no Recôncavo. O primeiro deles aconteceu na manhã de 10 de abril de 1830, quando vinte negros invadiram três estabelecimentos na Ladeira do Taboão, rua de Salvador que faz a ligação entre a Cidade Baixa e o Pelourinho, no centro. Ali, existe nos dias de hoje grande comércio popular, sobretudo de tecidos, instalado em velhos casarões com lojas no térreo e depósitos nos andares superiores.

Naquele abril de 1830, o objetivo dos africanos era roubar todo tipo de objeto cortante, a fim de se armarem para insurreições. Por isso, assaltaram três lojas de ferragens. Conseguiram levar quinze espadas e facões do tipo peixeira. Depois rumaram para um mercado de escravos na Rua do Julião, de um traficante chamado Wenceslau Miguel de Almeida. Conseguiram colocar em liberdade cerca de cem cativos que estavam à venda e se puseram junto aos insurgentes. Outros dezoito negros se recusaram a participar do levante, por medo. Foram brutalmente feridos pelos revoltosos, numa luta fratricida até então não presenciada naquelas proporções.

Em seguida, o grupo, engrossado pelos escravos libertados, dirigiu-se a um grupamento policial que existia na região. Os revoltosos atingiram a golpes de faca um soldado, mas encontraram resistência de outros, armados com espingardas. Reforços policiais foram chamados e os insurgentes levaram a pior, numa batalha de espada contra carabina.

Mais de cinquenta africanos foram mortos e outros feridos e presos. Outro levante dessa dimensão, e com tal quantidade de mortos, só aconteceria cinco anos depois, no mesmo cenário urbano de Salvador: a Revolta dos Malês.

Todas essas rebeliões ocorreram num ambiente de resistência ao regime escravocrata e decepção por ele não ter sido abolido, no contexto dos ideais libertários da Independência.

A Bahia rebelada

Delação. Esse foi mais uma vez o motivo do fracasso de uma rebelião escrava na Bahia do século XIX. A Revolta dos Malês, em 1835, vinha sendo programada meticulosamente, com muita antecedência, para acontecer no amanhecer do domingo, 25 de janeiro, Dia de Nossa Senhora da Guia. Naquela data, a cidade de Salvador estaria em festa e, portanto, os escravos ficariam mais livres da vigilância de seus senhores. O feriado católico coincidia também com o fim do Ramadã, o mês sagrado dos muçulmanos praticantes do islã, como eram os africanos malês.

O combinado era que, ao toque da alvorada, às cinco da manhã, quando os escravos normalmente saíam para apanhar água nas fontes, fossem convocados em todas as partes da cidade, pelas lideranças revolucionárias, para participar do motim.

Ocorre que na noite de sábado, 24, os rumores de uma possível sublevação eram fortes entre os negros da cidade, e um deles, o liberto Domingos Fortunato, revelou a sua mulher, Guilhermina Rosa de Souza, o que ouvira no cais do porto: que escravos chegados de Santo Amaro, no Recôncavo, iriam se juntar a líderes africanos que viviam em Salvador para um levante contra os brancos e mulatos e todos mais que se opusessem a eles.

O casal, fiel ao antigo senhor, tratou de comunicar a ele o que estava se passando. Este, por sua vez, não deu maior importância ao relato e deixou passar a informação. Um pouco mais tarde, Guilhermina encontrou na rua sua comadre, Sabina da Cruz, que vinha com o mesmo assunto: a notícia de um possível levante. E mais: tinha ido atrás de seu companheiro na casa de uns africanos vindos de Santo Amaro, no pé da Ladeira da Praça, e lá escutara o que pareciam ser os preparativos para um motim.

Com a informação confirmada por mais de uma fonte, Guilhermina tratou de avisar mais gente e procurou um vizinho branco, André Pinto da Silveira, para contar o que tinha ouvido. Este estava na companhia de dois amigos, Antônio de Souza Guimarães e Francisco Antônio Malheiros, que imediatamente procuraram o juiz de paz do 1º Distrito da Freguesia da Sé, José Mendes da Costa Coelho, para fazer a denúncia.

Em poucos minutos, o presidente da província da Bahia, o piauiense Francisco de Souza Martim, que havia sido empossado no cargo apenas um mês antes, já estava sabendo da conspiração e tomava as primeiras medidas para debelá-la. Por volta das onze da noite ele já havia determinado que se reforçasse a guarda do palácio e emitido um alerta geral a todos os quartéis da cidade.

Aos juízes de paz de cada distrito foi determinado que dobrassem as rondas noturnas com os inspetores de quarteirão. E, em especial, ao juiz de paz da Sé foi solicitada uma inspeção rigorosa nas casas de africanos localizadas na área de Guadalupe, onde Sabina da Cruz havia apontado o suposto foco do motim.

Perto da uma da manhã do domingo, dia 25, o juiz de paz da Sé e sua patrulha chegaram ao sobrado de número 2 da Ladeira da Praça e encontraram o alfaiate Domingos Marinho de Sá, proprietário do imóvel, sentado à janela para se refrescar do forte calor do verão baiano. Perguntado sobre algum movimento suspeito de negros, ele disse que os únicos africanos que ali existiam eram dois inquilinos seus, que alugavam o subsolo do imóvel. Mas atestou, nervosamente, que se tratava de gente de bem, de trabalhadores.

Suspeitando do nervosismo do alfaiate, os soldados resolveram entrar no imóvel. Reviraram os dois andares superiores e depois desceram ao subsolo. Havia uma porta fechada e eles pediram ao proprietário que a abrisse. Marinho de Sá afirmou que não tinha a chave, e então a patrulha se dispôs a arrombar a porta. Antes que o fizessem, ela se abriu e lá de dentro saíram cerca de 60 africanos, já atirando e desferindo golpes de espadas e lanças.

Antes da chegada da patrulha, os africanos estavam jantando e preparando o início do levante, que se daria dali a quatro horas. Com a delação, foram surpreendidos e precisaram antecipar o motim, já sem o efeito surpresa com que pretendiam tomar as ruas de Salvador.

Nesse embate inicial, os revoltosos feriram pelo menos cinco pessoas. Um deles era o tenente Lázaro do Amaral. Um soldado foi morto e um paisano, que colaborava com a patrulha, saiu com ferimentos à faca que deformaram seu rosto. Entre os conspiradores, um africano foi morto por arma branca e outro com um tiro na cabeça. Um desses negros era o companheiro da delatora Sabina da Cruz.

O local onde se deu esse confronto é conhecido como Baixa do Sapateiro, uma antiga região de pântano que começou a ser urbanizada em 1830. Uma das teorias para o nome do lugar seria por ter abrigado, no passado, uma antiga fábrica de sapatos de imigrantes italianos. É até hoje o principal ponto de comércio popular de Salvador. No fim da ladeira, onde ficava o sobrado do alfaiate Domingos Marinho de Sá, existe atualmente um quartel do Corpo de Bombeiros. O prédio, que imita um castelo, pintado de vermelho, foi construído em 1917, pondo abaixo a antiga capela de Guadalupe que antes ocupava a área.

Em depoimento, um escravo chamado Pompeu, que havia fugido de um engenho em Santo Amaro para participar do levante e acabou preso, contou que tinha chegado a Salvador naquele sábado, perto das sete da noite, e que tinha sido levado para uma casa que ficava "junto de uma igreja". Ele disse ainda que, nessa casa, ao lado da capela de Guadalupe, estavam muitos africanos, armados com espadas e lanças, que comiam e bebiam enquanto se preparavam para o motim. Quando os soldados chegaram, foi dada a ordem por seus companheiros para reagir, "porque não tinha mais remédio", como explicou.[56]

As autoridades que foram averiguar a denúncia de conspiração no endereço pareciam desacreditar que pudesse estar em curso um levante, tanto assim que foram em pequeno contingente, formado apenas pelo juiz de paz, o tenente e dois soldados, e apenas os dois soldados estavam armados com espingardas carregadas e prontas para atirar. Com isso, os rebeldes não tiveram dificuldade em enfrentar a força e sair do local.

Ao deixarem o sobrado do alfaiate, os revoltosos dividiram-se em vários grupos pelas ruas do centro velho. A maior parte deles subiu a Ladeira da Praça em direção à atual Praça Tomé de Souza, que na ocasião era chamada de Praça do Palácio, por abrigar a sede do governo da província.

Logo a notícia da precipitação do movimento correu entre os escravos e, em vários outros pontos da cidade, iniciaram-se focos de motins. Na Praça do Palácio, os insurgentes se dirigiram ao prédio da Câmara Municipal, onde também funcionava, no subsolo, desde 1641, a cadeia da cidade. Nos dias de hoje, ainda é possível aos visitantes desse prédio histórico observar a passagem subterrânea que dá acesso às antigas celas solitárias, as enxovias, como eram chamadas.

O viajante inglês Thomas Lindley, em um relato de 1803, assim descreveu a cadeia: "Penetra-se nesses cárceres por uma sala gradeada, no andar superior, através de alçapões". As celas eram "escuras", de "aproximadamente seis pés quadrados, dotadas de fortes portas, mas desprovidas de janelas". De acordo com Lindley, a prisão raramente tinha menos de duzentas pessoas, "a maior parte encarcerada por delitos contra a sociedade; os prisioneiros restantes são escravos fugidos, ou vítimas do Estado, com frequência nela jogados pelos mais insignificantes pretextos".[57]

Naquela madrugada de 1835, o objetivo dos revoltosos era libertar uma importante liderança dos malês, Pacífico Licutan, preso no subsolo da Câmara. Mas a tentativa não deu certo. Já avisados pelo presidente da província, soldados fortemente armados, postados no palácio, abriram fogo contra os rebeldes, ao mesmo tempo que, do outro lado da praça, a patrulha de plantão na cadeia também reagiu. Mesmo assim, os africanos conseguiram matar um soldado do palácio e ferir outro, numa luta corpo a corpo. Nenhum malê foi morto, mas vários caíram feridos e acabaram presos. Os demais fugiram sem conseguir levar com eles o líder Pacífico Licutan.

A atual Praça Tomé de Souza, onde se deu a batalha, é uma das mais importantes de Salvador, onde está o imponente Elevador Lacerda, inaugurado anos depois, em 1873, para fazer a ligação com a Cidade Baixa. Pode-se ver dali a majestosa Baía de Todos os Santos. Com seus arcos no andar térreo e uma imponente torre, onde há um sino, o edifício da Câmara Municipal teve sua primeira construção em taipa e palha, no ano de 1549, que coincide com a fundação de Salvador. Em 1551, foi erguida no local a nova Casa da Câmara, em pedra, cal e barro, coberta com telhas. Outra reforma ocorreu em 1696 e até hoje a estrutura do casarão permanece a mesma. Nos anos 1970, uma restauração devolveu à fachada o estilo colonial original.

Naquelas primeiras horas de 25 de janeiro de 1835, o grupo revolucionário que ficou em meio ao fogo cruzado na Praça do Palácio recuou e fugiu para o Largo do Teatro, atual Praça Castro Alves, ponto central do carnaval baiano. Nesse local ficava o antigo Theatro São João, inaugurado em 1812.

Nesse ponto, rebeldes vindos de vários cantos da cidade se juntaram ao grupo principal, que havia começado o motim e facilmente dominaram oito soldados que faziam ronda, ferindo cinco deles e se apossando de suas armas. Com o contingente engrossado, os revolucionários partiram para o Convento de São Bento, onde havia um quartel. Segundo relatório do presidente da província, nesse novo confronto "houve um combate aturado pelas janelas dos quartéis, do qual resultou a morte de alguns pretos, e o ferimento de alguns soldados".[58]

Como testemunha desse embate, permanece no local o majestoso Mosteiro de São Bento, edificado ao longo de quatro séculos (entre os anos 1600 e 1900), que foi o segundo da colônia, antecedido apenas pelo Mosteiro de Olinda, em Pernambuco. Trata-se de um edifício de três pavimentos, erguido em torno de um pátio, que respira história. Ali, no século XVII, foram acolhidas as vítimas de uma peste que abalou a cidade. No século XIX, além de ser palco da Revolta dos Malês, o mosteiro abrigou os mutilados pela guerra de Canudos. E, bem mais recentemente, já no século XX, serviu para esconder em seus claustros perseguidos pela ditadura militar.

Em 1835, depois do confronto no Mosteiro de São Bento, muitos africanos, enfraquecidos pelo poder bélico das forças oficiais, desistiram da luta. Os que decidiram continuar seguiram para o bairro da Vitória, onde havia grande presença de negros islamizados, a fim de convencê-los a engrossar o movimento.

Como a distância a ser percorrida era grande, no caminho estacionaram a marcha no Convento das Mercês, para descansar. Era conhecida ali a presença de um sacristão de origem nagô, de nome Agostinho, que podia lhes dar guarida. E assim foi. Esse prédio já não existe mais.

Em 1913, a parte frontal do convento foi demolida para a construção da Avenida Sete de Setembro.

Aquele pequeno momento de paz e descanso na madrugada durou pouco: logo o grupo foi abordado por outra tropa oficial enviada em seu encalço. Mesmo assim, apesar do cansaço e do abatimento dos africanos, nesse confronto das Mercês um sargento da Guarda Nacional foi morto à facada e pelo menos três soldados acabaram feridos. Do lado dos insurgentes também houve feridos, mas não se tem notícia de mortos.

O novo foco do motim surgiu cerca de meia hora depois, em frente a um quartel da polícia situado no Largo da Lapa, no local exato onde, dois anos depois, em 1837, seria erguido o Colégio Central, a primeira escola pública de ensino secundário do Brasil. Naquele momento, os rebeldes estavam em número bem superior ao dos soldados que os esperavam na porta da caserna. Eram apenas 32 guardas que, assustados com a quantidade de africanos, correram para dentro do prédio e se entrincheiraram, impedindo a entrada dos inimigos.

Como não conseguiram ganhar o posto militar, os amotinados recuaram e rumaram para o Terreiro de Jesus. Nesse marco histórico da cidade de Salvador, onde está a Catedral Basílica e onde em 1808 foi instalada a primeira faculdade de medicina do Brasil, os africanos tiveram mais duas baixas, num confronto com vinte soldados da Guarda Nacional. Do lado dos legalistas, também foram verificadas duas mortes.

Como o número de soldados postados no Terreiro de Jesus era baixo, não foi suficiente para conter os insurgentes, que continuaram a marcha desesperada por outras ruas do centro velho. Passaram pelo Largo do Pelourinho, que conserva até os dias de hoje o calçamento de pedras e um conjunto arquitetônico relativamente preservado. E voltaram à Baixa do Sapateiro, onde o motim havia se iniciado.

No caminho, os insurgentes mataram dois mulatos que estavam nas ruas e, segundo testemunharam depois alguns revoltosos presos, seriam contrários ao levante. Seguiram ainda pela Ladeira do Taboão até a Cidade Baixa e resolveram deixar a área urbana e caminhar até Itapagipe. A ideia era depois prosseguir viagem até o Recôncavo, onde poderiam buscar refúgio.

No caminho para o Recôncavo, na localidade de Água de Meninos, aconteceu a batalha mais sangrenta. Ali, onde havia uma praia que recebia saveiros e pescadores, ficava também um quartel da cavalaria. Prevendo que nessa região aconteceria o confronto decisivo, o governo tratou de recolher as famílias da área na Igreja do Bonfim, para que não houvesse vítimas civis na passagem dos africanos.

A essa altura havia entre cinquenta e sessenta rebeldes e, quando eles surgiram próximo ao quartel, foram recebidos por uma forte descarga de tiros vindos das janelas da fortificação. Muitos morreram e os que sobraram foram em seguida perseguidos por soldados montados, que avançaram com os cavalos sobre os africanos numa luta violenta.

Foi o momento mais dramático de toda a insurreição. Alguns africanos, feridos, conseguiram correr e se esconder no mato. Outros tentaram fugir a nado e acabaram se afogando no mar. Marinheiros da fragata Baiana ainda fizeram o cerco e fuzilaram dentro d'água aqueles que não haviam se afogado.

Amanhecia o dia 25 quando as tropas oficiais postadas na região começaram a recolher os mortos e contabilizar os prisioneiros. Ao todo, dezenove africanos haviam tombado em frente ao quartel, atingidos pela descarga da infantaria. Outros treze, feridos, foram presos. Os demais haviam fugido nas matas.

Na manhã daquele domingo ainda ocorreram outros focos isolados de rebelião na cidade, na hora da alvorada, como previamente combinado. Mas foram facilmente contidos pelas forças policiais. Um deles, formado por seis negros, ateou fogo na casa do senhor e, em seguida, acabou dizimado por soldados que logo chegaram.

Quando o sol já brilhava na Baía de Todos os Santos, naquela manhã de verão, o maior levante urbano de escravos do Brasil estava completamente contido. Entre o governo, o clima foi de alívio, porque havia grande temor de que se repetisse na província o que havia ocorrido no Haiti, em 1791, quando uma grande revolta de escravos destruíra a cidade de São Domingos e tomara o poder dos brancos. Por isso, começava na Bahia a segunda etapa do movimento: a perseguição implacável aos africanos.

Entre os presos nos desdobramentos do levante, o único a admitir o papel de "mestre" foi o liberto haussá Elesbão do Carmo, conhecido como "Dandará".[59] Ainda assim, ele negou qualquer participação na insurreição. Disse que mantinha uma casinha alugada no Mercado de Santa Bárbara, freguesia da Conceição da Praia, usada para comercializar fumo. E lá recebia amigos e parentes. Testemunhas ouvidas pela Justiça contaram que Elesbão reunia vários negros em sua loja para orações, leituras e aulas de árabe. Ele admitiu apenas ter sido "mestre" em sua terra. E disse que vinha ensinando "rapazes". Enfatizou, porém, "que não é para o mal".[60] Em sua loja, foram encontrados um rosário preto sem cruz, tábuas para escrita e papéis redigidos em árabe.

Não se sabe se por falta de provas, o fato é que Elesbão não estava entre aqueles que receberam pena de morte e foram fuzilados no dia 14 de maio daquele ano de 1835, no Campo da Pólvora, local onde hoje fica a estação de metrô de mesmo nome. Segundo o médico e antropólogo Nina Rodrigues, um dos maiores estudiosos do período, "não rezam os autos por que Elesbão do Carmo, ou Dandará, não foi pronunciado".[61]

O mesmo aconteceu com outras supostas lideranças do levante que, não se sabe por que, foram poupadas da morte. Pacífico Licutan foi condenado a mil açoites. Luiz Sanin, que era escravo e trabalhava enrolando fumo, foi condenado à morte, mas teve a pena reformada para seiscentos açoites em novo julgamento. Sanin foi acusado de ser o intermediário entre Licutan e os demais organizadores do motim, já que levava comida ao líder na cadeia e supostamente voltava com instruções. E Manoel Calafate, que morava no quartel-general do movimento, teria morrido em meio aos primeiros embates.

Em sua maioria, as penas estabelecidas pela Justiça depois do Levante dos Malês foram de açoites para o escravos e banimento para os libertos. Assim se garantiu, aos senhores, o direito à propriedade humana, sem prejuízos. O naturalista alemão Johan Baptist Von Spix, que tinha visitado a Bahia quinze anos antes, já havia notado que "raramente" os criminosos eram condenados à pena de morte. "A pena mais comum é a deportação ou as galés [trabalhos forçados]", escreveu.[62]

Entre os açoitados em 1835, um escravo chamado Narciso não aguentou as mil chibatadas e morreu. Quanto aos que receberam pena de prisão, havia gente que já passara pela cadeia, anos antes, por participação em movimentos pela independência da Bahia. Caso do africano nagô Manuel do Bom Caminho, preso pela primeira vez numa conspiração federalista que aconteceu em maio de 1828. Com relação às extradições, já no segundo semestre daquele ano de 1835 partiu para a África o navio fretado Damiana, levando a bordo duzentos libertos.

Nem todos os africanos deportados tiveram participação comprovada na insurreição. Entre os duzentos embarcados no Damiana estava Luís Xavier de Jesus, que havia comprado sua liberdade em 1810 e ascendera economicamente a ponto de possuir oito imóveis e dezessete escravos. Seu nome não consta dos autos que se referem à revolta e durante anos ele tentou, de todas as formas, retornar à Bahia para liquidar seus negócios. As tentativas, inclusive com pedidos ao Imperador, foram sempre em vão. Segundo o chefe de polícia da época, Antonio Simões Xavier de Jesus era suspeito de ser conivente com o movimento insurgente, além de permitir que revoltosos se reunissem em sua casa.

Entre os que tombaram com tiros de fuzil, sob a pena de morte, estavam os negros Jorge da Cruz Barbosa (nome africano Ajahi, nagô, liberto, carregador de cal); Pedro (nagô, carregador de cadeira, escravo do comerciante inglês Joseph Mellors); Gonçalo (nagô, escravo de Lourenço de tal); e Joaquim (nagô, escravo de Pedro Luís Mefre). Não há, contudo, nenhuma referência ao nome deles como líderes do movimento.

A cerimônia de execução dos africanos seguiu a pompa que normalmente acompanhava esses rituais. Algemados, os condenados rumaram pelas ruas num cortejo silencioso. No local destinado ao sacrifício, forcas novas, feitas especialmente para a punição daqueles rebeldes, não puderam ser usadas porque não houve candidato ao cargo de carrasco. Sendo assim, por determinação do presidente da província, eles foram fuzilados pela tropa de permanentes. Em seguida, foram sepultados numa cova coletiva de um pequeno cemitério próximo dali, onde eram enterrados indigentes, escravos e libertos.

Nesse mesmo local, onde no passado eram cumpridas as execuções, em 1901 foi improvisado o primeiro campo de futebol da cidade. Em seu entorno, em 2014, foi inaugurada a Arena Fonte Nova, um dos estádios brasileiros a receber jogos da Copa do Mundo daquele mesmo ano.

Irmandade da Boa Morte

O chamado Recôncavo Baiano serviu de refúgio para muitos africanos que conseguiram escapar da perseguição imposta pelo regime depois da Revolta do Malês. Por ter grande presença de escravos, a região foi escolhida para acoitar muitos dos insurgentes de 1835.

Essa área recuada da Baía de Todos os Santos, permeada por águas fluviais, teve papel fundamental no projeto de colonização do Brasil. Veio dali grande parte da produção açucareira que alimentava a coroa portuguesa, movida à mão de obra escrava.

Em função da riqueza alcançada com a produção do açúcar, várias cidades do Recôncavo guardam em seu casario colonial a lembrança dessa fase áurea. Cachoeira, na margem esquerda do Rio Paraguaçu, é a que possui o principal conjunto arquitetônico da região.

Quem chega à cidade já se depara com a ponte metálica pré-moldada, importada da Inglaterra no século XIX. Em uma volta pelo centro, o visitante encontra o Conjunto do Carmo, cujas obras se iniciaram em 1702 e é formado pela Igreja da Ordem Primeira, Capela e Casa de Oração da Ordem Terceira. Perto dali, está a Igreja Matriz Nossa Senhora do Rosário, construída no final do século XVII, que possui painéis de azulejos colocados em 1750.

Em algumas ruas ainda é possível encontrar antigos solares representativos da arquitetura residencial do Recôncavo, no período colonial. Um deles é o Solar Estrela, na Rua Ana Nery, erguido em três níveis: loja, sobreloja e pavimento nobre. A ala residencial provavelmente ficava na parte superior, para fugir das constantes enchentes provocadas pelo rio.

O solo fértil dessa região, de massapé, fez dela uma das mais importantes representantes da monocultura açucareira nos séculos XVIII e XIX. Em decorrência disso, o porto de Cachoeira foi fundamental para escoar a grande produção de açúcar para a capital, Salvador, que tinha no século XVIII o mais movimentado porto do Atlântico Sul.

Foi também nessa região, na área mais arenosa, imprópria ao cultivo da cana-de-açúcar, que se desenvolveu, desde o século XVII, a produção de tabaco, que servia de moeda de troca no tráfico de escravos com o Golfo do Benin, na África.

Em função disso, desenvolveu-se também na região a fabricação de charutos, inicialmente de forma artesanal, caseira, para dar lugar depois à chamada indústria fumageira baiana. O curioso é que, desde o início, a mão de obra usada nessa fabricação foi majoritariamente feminina. E negra. Fazendo com que essas mulheres ascendessem economicamente e a região se caracterizasse pela forte presença feminina.

"O ofício de charuteira dava a essas mulheres uma maior autonomia social", escreveu a historiadora Magnair Santos Barbosa. "Ascendendo econômica e socialmente, elas poderiam manter suas famílias e, por isso, passaram a ocupar lugares de poder na rígida sociedade patriarcal."[63]

Nesse contexto, encontrou terreno propício para prosperar em Cachoeira a Irmandade da Boa Morte, instituição de mulheres negras cujo embrião se deu na Igreja da Barroquinha, na cidade de Salvador e, muito provavelmente, deslocou-se de lá em função da forte repressão aos africanos estabelecida depois da Revolta dos Malês.

Conhecida como uma das primeiras instituições representantes do feminismo negro no Brasil, a Irmandade da Boa Morte, de Cachoeira, firmou-se desde o início como força de resistência ao escravismo. Servia, desde seus primórdios, como apoio aos injustiçados, fornecendo empréstimos para obtenção de alforrias, além de providenciar funerais dignos à sua gente. Daí o nome "boa morte".

A instituição, que existe até os dias de hoje, mantém a tradição de reverência a Nossa Senhora da Boa Morte. Todos os meses de agosto, repete-se na cidade a Festa da Boa Morte, na qual as "irmãs", durante três dias, prestam homenagens à padroeira, com suas roupas características e comidas típicas.

A festa começa no dia 13 de agosto, quando se homenageiam as "irmãs" já mortas. É o dia do traje branco e da procissão pelas antigas ruas de pedra da cidade, com a imagem de Nossa Senhora morta. No dia seguinte, acontece o enterro simbólico da santa, em que as "irmãs" utilizam o bioco, espécie de mantilha para cobrir a cabeça, numa influência nitidamente muçulmana.

O uso do bioco, na análise do antropólogo Raul Lody, referência no estudo das religiões afro-brasileiras, "revela uma presença afro-islâmica" naquela devoção católica a Nossa Senhora.[64]

O terceiro dia da festa é o mais alegre, porque se comemora a "boa morte" de Maria, que dormiu e acordou na glória, segundo a compreensão das "irmãs". É a hora também de dançar e comer, em que aparecem as receitas de maniçoba, feitas com folhas da mandioca, de moqueca e acarajé.

As referências muçulmanas ao culto da Boa Morte, provavelmente trazidas pelas africanas do Golfo do Benin, são compartilhadas até os dias atuais pelas "irmãs", que levam adiante a tradição de mais de duzentos anos em Cachoeira.

Nilza Prado, em depoimento ao Instituto do Patrimônio Artístico e Cultural da Bahia, disse que o bioco é usado "em referência aos muçulmanos que vieram do lado de lá (do Atlântico)".[65]

Outra "irmã", Anália da Paz Santos Leite, contou que muitas vezes escutou das mais antigas que "a irmandade sempre foi {composta} com as negras muçulmanas, {que] tinham pessoas do culto afro, pessoas africanas mesmo". [66]

Cachoeira, que recebeu negros fugidos da repressão após a Revolta dos Malês, dois anos depois, num caminho inverso, abrigou a cúpula do governo provincial que se viu expulsa da capital pelos rebeldes que tomaram o poder, no movimento chamado de "Sabinada". Permanece até os dias de hoje, na praça principal, o edifício do Paço Municipal, de 1789, que abrigou a sede do governo provincial em 1837.

Mas antes disso, ainda em 1836, a cidade de Salvador passaria por outro susto com mais um episódio de insurgência.

A Cemiterada

A cidade de Salvador nem bem se recuperava do trauma causado pela revolta dos negros em 1835, quando, pouco mais de um ano depois, na manhã de 25 de outubro de 1836, o badalar dos sinos das igrejas do centro, todos soando ao mesmo tempo no incomum horário das seis horas da manhã, mostrava que algo de diferente estava acontecendo.

No dia anterior, havia sido promulgada pelo presidente da província uma lei que estabelecia o fim dos enterros na área das igrejas e concedia a uma companhia privada o monopólio de todos os sepultamentos realizados na cidade, pelo prazo de trinta anos.

A nova lei desagradou sobretudo as irmandades religiosas, associações leigas que congregavam fiéis de devoção e tinham forte presença na sociedade baiana. Para se ter uma ideia, 36 dessas irmandades abrigavam libertos ao longo do século XIX, a maioria era constituída de negros.[67] Por meio dessas irmandades, os negros conseguiam ter enterros dignos, como os ricos. A Igreja, por sua vez, lucrava com a tradição dos sepultamentos em seus templos, e também opunha-se à determinação governamental de conceder o monopólio a uma companhia privada. Não foi difícil, portanto, organizar adeptos a um movimento de protesto contra a lei recém-promulgada.

Nesse contexto, no raiar do dia 25 os sinos anunciaram um novo movimento de revolta que se instalava na cidade de Salvador. Logo a população, principalmente a chamada plebe livre da cidade, formada majoritariamente por negros e mulatos, começou a se reunir no Terreiro de Jesus, área central onde ficavam as igrejas mais importantes. O ponto de encontro foi o pátio da sede da Ordem Terceira de São Domingos, com sua fachada em estilo rococó, cuja construção começou em 1731.

Dali, o grupo marchou para a Praça do Palácio, localizada a alguns minutos de caminhada, com o objetivo de entregar ao presidente da província um manifesto, que contava com 280 assinaturas, pedindo a revogação da lei. A polícia, atônita, nada pôde fazer e não conseguiu conter os manifestantes, vestidos com suas capas, carregando cruzes e bandeiras das irmandades. Em depoimento posterior, um policial alegou que não poderia agir com violência contra religiosos fardados.

No palácio, o presidente aceitou receber uma comissão de membros das irmandades mas, no tumulto, grande número de manifestantes acabou entrando no edifício e causando algazarra. Acuado, o presidente Francisco de Sousa Paraíso, que havia assumido recentemente o cargo, aceitou adiar o início da vigência da nova lei até o dia 7 de novembro, quando haveria uma sessão extraordinária da Assembleia Provincial para deliberar sobre o assunto.

O recuo do presidente, em vez de estancar o movimento, acabou funcionando como estímulo para a sua continuidade. Fortalecida pela decisão, a multidão, que naquele momento já contava com cerca de 1.400 pessoas, segundo registros da época, dirigiu-se ao escritório da companhia funerária que teria o monopólio dos enterros, a fim de depredar suas instalações. O prédio foi apedrejado e teve os vidros quebrados. Em seguida, os revoltosos rumaram para o Campo Santo, o novo cemitério, que ficava a uma distância de três quilômetros do centro.

Avisado, o presidente enviou uma tropa com 30 soldados para o local, mas nada pôde ser feito. Armados de machados, alavancas e todo tipo de ferro, os revoltosos destruíram e atearam fogo nas instalações do novo cemitério. A multidão rebelada havia aumentado. Na contabilização da polícia, já eram cerca de 3 mil os insurgentes.

Foi instaurado um inquérito para apurar culpados, mas ninguém foi incriminado. O juiz de paz que presidiu as investigações falou na participação de mais de mil pessoas do povo, de ambos os sexos e diferentes condições. Dois depoentes foram ouvidos e destacaram a diversidade social dos manifestantes. Um deles ressaltou que era povo de todas as classes e sexos. O outro citou "uma multidão de pessoas, a maior parte moleques, pretos de pé no chão, e negras".[68]

Na visão de João José Reis, esses "pretos de pé no chão" sem dúvida seriam escravos, porque era assim que eles andavam. Para ele, "os escravizados almejavam uma morte melhor do que tinham sido suas vidas". Por isso, buscavam uma "mobilidade social *post mortem*".[69]

O movimento, que começara com o badalar dos sinos das igrejas nas primeiras horas da manhã, chegou ao pôr do sol daquele 25 de outubro dando a certeza às autoridades baianas de que, a qualquer faísca, novo foco de rebeldia se instalaria naquela província. A Bahia era um barril de pólvora prestes a explodir. E a repressão, sobretudo aos negros, precisava ser ainda mais implacável.

Nesse mesmo ano, uma nova aglomeração de negros chamou a atenção da polícia. Um cortejo com mais de duzentos deles, segundo o *Correio Mercantil*, assustou a cidade com suas tochas. Mas não se tratava de nenhuma nova insurgência: estavam apenas num ritual fúnebre, pacífico, de um africano muito respeitado entre os nagôs.

Com relação à proposta do novo cemitério, o governo deixou a poeira baixar e só começou a sua reconstrução anos depois. No início do seu funcionamento, serviu para enterros apenas de indigentes. Só começou a ser usado de maneira mais efetiva nas epidemias de febre amarela e cólera que se abateram sobre a cidade a partir de 1849. Nesse contexto, a população finalmente entendeu que os sepultamentos nas igrejas traziam riscos à saúde pública.

Parte 3

"Em 1837, depois da Revolução do dr. Sabino, na Bahia, veio ela [minha mãe] ao Rio de Janeiro, e nunca mais voltou".

(Da carta de Luiz Gama a Lúcio de Mendonça)

A Bahia Independente

Em plena área urbana de Salvador, no bairro de Campo Grande, fica uma fortificação no formato de um polígono quadrangular, com guaritas nos quatro cantos. Foi erguida em pedra e cal, a partir de 1646, para proteger a cidade das invasões. Denominada Forte de São Pedro, essa construção serviu, em 1837, como quartel-general dos revoltosos que fizeram da Bahia um estado independente, durante a Sabinada.

Já passava das oito horas da noite do dia 6 de novembro de 1837 quando se dirigiram ao forte os líderes do movimento, entre eles o civil Francisco Sabino Vieira, para se juntar à guarnição do 3º Corpo da Artilharia, instalado em suas dependências. Os militares tinham aderido ao levante e davam a ele sustentação. O que se ouvia entre a tropa era a queixa por terem de se manter ao lado dos "marotos" – como eram chamados os portugueses – para lutar contra brasileiros patriotas. Por isso resolveram mudar de lado. As forças armadas, nessa ocasião, seguiam a mesma proporção da composição da sociedade baiana, com minoria de brancos. O recrutamento para as posições inferiores na hierarquia militar recaía quase majoritariamente sobre os negros. E foram justamente eles que formaram a base militar do levante. Além deles, a população livre de cor, que crescia de maneira exponencial na cidade, também cerrou fileiras junto aos revoltosos.

O momento era de insatisfação geral, sobretudo nas camadas mais baixas da sociedade. Aos negros libertos, depois do levante dos Malês, ocorrido dois anos antes, sobrara uma perseguição implacável. Os africanos livres foram obrigados a usar passaportes para viajar mesmo dentro da própria província da Bahia. Os suspeitos de conspiração eram sumariamente deportados para a África. Todo esse caldo discriminatório desaguou na nova revolta que surgia, embora as causas oficiais do levante fossem outras.

O motivo central do levante de 1837 era acabar com os "abusos" da Corte, que espoliava os bens da província durante os "desmandos" do governo regencial. Na Bahia, a desigualdade era gritante. Inventários da época mostram que senhores de engenho ostentavam patrimônio até noventa vezes maior do que o de artesãos, comerciantes e militares de baixa patente. Sendo assim, a ideia dos líderes da Sabinada era acabar com essa dinâmica encoberta pela Corte e tornar a Bahia um estado independente do poder central, apenas enquanto durasse a menoridade do imperador Dom Pedro II.

O mesmo acontecia em outras províncias do país, com movimentos separatistas simultâneos no Pará, com a Cabanagem, e no Rio Grande do Sul, com a Revolução Farroupilha. E veio justamente desse estado do Sul a principal inspiração para a Sabinada. Isso porque, por uma questão estratégica, para ficar longe de seu estado, foi preso na Bahia o líder dos revolucionários sulistas, Bento Gonçalves. Depois de uma fuga espetacular – saiu a nado do forte onde estava preso –, ele teria influenciado a conspiração baiana que se avizinhava.

Entre os soldados de baixa patente da Sabinada, o Movimento Farroupilha teria peso também em outra questão, esta de ordem prática: eles temiam ser enviados para lutar no Rio Grande do Sul contra os insurgentes separatistas, já que o governo imperial vinha recrutando tropas para esse fim em diversas províncias.

Com todo esse clima multifacetado, a Sabinada tomou forma com a presença ainda de outra categoria: a dos escravos. A primeira ação dos revolucionários foi se dirigir à Câmara Municipal, localizada na Praça do Palácio, para lavrar uma ata em que constava a independência da província. Em seguida, entre as primeiras medidas, formaram um batalhão denominado "Libertos da Pátria", por meio de um decreto escrito com estas palavras: "Todo o escravo nascido no Brasil, que se achar nas circunstâncias de pegar em armas, se poderá alistar sob a bandeira da independência do Estado para formar o batalhão dos Libertos da Pátria."[70]

O mesmo decreto falava em indenizar os proprietários desses escravos que se alistassem. Mas não emitia qualquer sinal em relação aos africanos. Diante disso, autores que mais tarde se debruçaram sobre o tema, como o historiador Paulo César de Souza, concluíram: "Eles [os líderes] não foram radicais, não tocaram nas raízes. Foram incapazes de pensar além do horizonte ideológico de uma sociedade escravista."[71]

Seja como for, os homens que tomaram a frente no movimento de 1837 conseguiram angariar a simpatia da maior parcela da sociedade, entre eles os militares que compunham a base das Forças Armadas. Tanto assim que o movimento de tomada de poder aconteceu sem derramamento de sangue. A estratégia das Forças Constitucionais, abrigadas no Recôncavo Baiano, foi sufocar a capital com o desabastecimento dos gêneros de primeira necessidade, enquanto recebiam reforços da Guarda Nacional.

A primeira debandada entre os insurgentes ocorreu no dia 13 de novembro: o Corpo de Polícia abandonou a cidade e se agregou às tropas da Guarda Nacional, postadas em Pirajá, na principal entrada da cidade, à espera de uma possibilidade de ataque. O bairro de Pirajá, por sua posição geográfica, concentra na atualidade garagens de ônibus, galpões atacadistas, um porto seco e várias empresas de logística.

O primeiro confronto na Sabinada ocorreu em 30 de novembro, quando 25 rebeldes foram mortos numa região próxima a Pirajá, num lugar denominado Cabrito, atual Subúrbio Ferroviário da cidade. Então as batalhas cessaram e só voltaram a acontecer mais de um mês depois, em 6 de janeiro de 1838, quando ocorreu novo embate. Enquanto isso, Salvador já estava sofrendo com o desabastecimento, sem farinha de mandioca e de trigo, além de outros itens de primeira necessidade. O governo imperial, por meio de um decreto, promoveu o bloqueio marítimo à cidade, emitindo aviso a todos os representantes das nações estrangeiras.

Ao mesmo tempo, pouco antes do Natal, os legalistas receberam oitocentas armas vindas do Rio de Janeiro, com munições, mais 260 vindas de Sergipe. Aguardavam ainda o reforço de uma expedição vinda de Pernambuco. Além disso, o Ministério da Fazenda mandou dinheiro para ser usado no que conviesse ao governo provincial.

Na batalha de 6 de janeiro, na Campina, também nos arrabaldes da cidade de Salvador, os legalistas contaram com o reforço dos quinhentos soldados recém-chegados de Pernambuco. A luta durou o dia inteiro e se estendeu, com menor intensidade, pelos dias seguintes, com a tomada daquela região pelas forças imperiais.

Durante o mês de janeiro, pequenos embates continuaram acontecendo, em vários pontos ao redor da cidade. Vendo as forças oficiais avançarem na mesma proporção em que acabavam os gêneros alimentícios, o comando revolucionário tratou de emitir uma portaria permitindo que mulheres e pessoas com mais de 50 anos e menores de 15 deixassem a cidade, mas sem levar seus escravos. A ideia era que esses, mesmo os africanos, pegassem em armas para lutar pela revolução.

Em fevereiro aconteceu um grande êxodo da cidade de Salvador. Calcula-se que mais de 5 mil pessoas tenham debandado. E, aos que ficaram, restaram a penúria e o medo da morte em batalhas desiguais com as forças imperiais. Segundo relatórios oficiais, os legalistas dispunham de 4 a 5 mil homens. E novas tropas chegavam a cada dia, vindas de outras províncias do país. Entre os insurgentes, não se sabe ao certo o número de rebeldes que ainda permaneciam, já enfraquecidos pela fome.

Nesse momento final do embate, o desespero tomou conta dos revoltosos e até mesmo escravos aprisionados por insurgência foram recrutados para lutar. Em depoimento à polícia mais tarde, um escravo de 50 anos, chamado João, contou que estava preso desde 1835, por suposta participação na Revolta dos Malês, quando mandaram abrir a prisão para que ele e seus companheiros pegassem em armas.

O último confronto começou na madrugada de 12 para 13 de março de 1838, quando a Brigada de Pernambuco, que estava na Campina, reagiu a um tiro de canhão vindo dos rebeldes instalados no local onde depois seria fundado o Terreiro do Bate Folha, um dos mais tradicionais do candomblé baiano. O terreiro possui na atualidade a maior área urbana remanescente da Mata Atlântica no país, com cerca de 15,5 hectares. Por estar ainda preservado, permite aos visitantes conhecer o cenário praticamente intacto da batalha final da Sabinada.

Foi ali em meio a árvores centenárias que as tropas oficiais, depois de derrubarem o primeiro obstáculo inimigo, deram início ao ataque geral, que ocorreria por várias frentes. A 2ª Brigada entrou pelo atual bairro do Retiro. Outro destacamento desembarcou em Itapagipe, com reforço da Marinha. Ao mesmo tempo, uma força atingiu os rebeldes que estavam no litoral, na altura de Itapuã. Relatório do tenente-coronel Argolo Ferrão, que comandava a Brigada Pernambucana, fala em "grande mortandade na tomada de suas primeiras posições", com os campos "cheios de sangue" e as estradas "cheias de cadáveres".[72]

No dia 14 de fevereiro, essa mesma Brigada Pernambucana abateu os últimos focos revolucionários na Lapinha, no alto da cidade, uma região hoje ocupada por velhos casarões e ruas estreitas, que lembra uma paisagem do interior, com suas frutarias voltadas para a calçada e atmosfera bucólica. Fica ali a Igreja da Lapinha, construída 1771, única igreja em estilo mourisco no Brasil. Nesse local acontece todos os anos, no dia 6 de janeiro, a famosa Festa de Reis, encerrando o ciclo natalino.

Naquele fatídico 14 de março de 1838, os soldados dizimaram "à ponta de baionetas", segundo relato do general João Crisóstomo Calado, "as forças rebeldes que guarneciam as tortuosas gargantas e estreitas avenidas das imediações da cidade".[73] O que se viu depois foi o horror. Mais de setenta sobrados na região central foram incendiados, alguns com os moradores dentro. Naquela noite foram registrados inúmeros saques, estupros e assassinatos.

Na manhã do dia 15, os últimos rebeldes levantaram bandeira branca, exaustos. Entregaram suas armas 586 praças, oitenta oficiais e quinze músicos militares. Nos dias seguintes ainda foram encontrados rebeldes escondidos nas matas. Os líderes foram achados dias depois: Sabino caiu na manhã do dia 22, escondido na casa do cônsul francês. Estava dentro de um armário e, de acordo com o chefe de polícia que o prendeu, vestia "roupa suja" e estava descalço. O saldo final da Sabinada foi de 1.258 mortos e 3 mil prisioneiros.[74]

Salvador não foi mais a mesma depois desse episódio. Pelas ruas, mulheres e crianças mendigavam em busca de comida. Enquanto isso, na Catedral da Sé, em 1º de abril, a elite festejava com pompa a retomada da cidade.

Embora a Sabinada tenha sido engrossada pela presença de negros, libertos e escravos, o movimento não se enquadra no ciclo das rebeliões africanas verificadas na Bahia no século XIX. Esse ciclo, aliás, é tido como findado na Revolta dos Malês, de 1835. Documentos encontrados pelo historiador Clóvis Moura, entretanto, atestam que em 1844 houve mais um movimento de conspiração africana, a "Insurreição Esquecida", como classificou Moura, por ser pouco estudada. "Os documentos que comprovam a existência dessa revolta fazem dilatar ainda mais o ciclo de insurreições baianas, até agora dado pelos historiadores que o estudaram como encerrado em 1835", escreveu o historiador, em seu *Rebeliões da senzala*, de 1959.[75]

Este último movimento, de acordo com os documentos levantados por Moura, foi liderado por escravos haussás, tapas e nagôs. Eles se reuniam na casa de um negro alforriado chamado Francisco Lisboa, que também teria tomado parte no levante de 1835. Com a experiência da insurreição anterior, os rebeldes dessa vez constituíram um fundo monetário para assegurar as despesas da revolta.

As reuniões preparatórias aconteciam na casa de Francisco Lisboa até que, novamente, como aconteceu em 1835, o movimento acabou delatado antes mesmo de acontecer. Neste caso, um desentendimento entre Lisboa e sua companheira a levou a procurar as autoridades e denunciar o levante que se programava. A polícia imediatamente cercou a casa onde se reuniam os insurgentes e os prendeu. "Depois dessas informações tudo é mistério", acrescentou Moura. "Nada mais conseguimos apurar: não sabemos que fim tiveram seus dirigentes, nem quais suas proporções. Parece que o esquecimento caiu sobre essa revolta."[76]

A Pequena África carioca

Em sua carta autobiográfica, de 1880, Luiz Gama disse que "em 1837, depois da Revolução do dr. Sabino, na Bahia", sua mãe, Luíza Mahin, foi para o Rio de Janeiro, possivelmente para fugir da repressão aos africanos em consequência dos constantes levantes e movimentos rebeldes ocorridos em Salvador.[77]

Luíza Mahin não foi a única a escolher o Rio de Janeiro como refúgio. Muitos africanos que viviam na Bahia, cativos ou libertos, migraram para a capital do Império em meados do século XIX. Para os escravos, não foi uma escolha. A transferência ocorreu no contexto do tráfico interprovincial, depois da proibição de chegada dos navios negreiros da África, a parir de 1850. Como os engenhos de açúcar baianos estavam em declínio e havia necessidade de braços para as lavouras de café no Vale do Paraíba, houve grande trânsito de negros escravizados entre as províncias.

Já os libertos, como Luíza Mahin, pretendiam mesmo escapar da repressão e conseguir meio de vida na capital, onde havia mais oportunidades, sobretudo nos afazeres da estiva, junto ao porto. Esse foi o motivo para a maioria deles se estabelecer nas imediações da Zona Portuária carioca, no bairro da Saúde, região depois batizada de "Pequena África". Ali, principalmente na antiga Praça Onze, eles passaram a viver em cortiços instalados nos velhos casarões, fundaram seus candomblés, trazendo da Bahia seus batuques, suas danças e a capoeira, e tornaram-se lideranças entre os negros que já viviam no Rio de Janeiro.

A abolição da escravatura em 1888 engrossou ainda mais o fluxo de africanos que viviam na Bahia e migraram para a Corte. Foi a época da chamada "diáspora baiana", com grande aumento no número de habitantes no Rio de Janeiro, em boa parte por causa desse movimento migratório. Para se ter uma ideia, a capital, que tinha 522 mil habitantes em 1890, já contava com 811 mil em 1905.

Coincide com esse período a chegada ao Rio de outra baiana que se tornaria ilustre na cidade: Hilária Batista de Almeida, a Tia Ciata. Foi na casa dela, onde eram abrigados africanos recém-chegados, que teria nascido o samba carioca, uma instituição das mais representativas da cultura nacional. As festas aconteciam escondidas da polícia, que continuava a ver com maus olhos todo e qualquer tipo de manifestação cultural dos africanos e seus descendentes.

Os capoeiras eram igualmente perseguidos. Um levantamento feito pelo historiador Carlos Eugênio Líbano Soares em livros de matrícula da Casa de Detenção do Rio de Janeiro mostra que entre 1861 e 1890, 2.632 praticantes de capoeira foram presos na capital. A maioria era do próprio Rio de Janeiro e, em segundo lugar, da Bahia.[78] "Os capoeiras, junto com prostitutas, assaltantes, pedintes, ratoneiros (ladrões de residências) e outros, estavam entre os perigosos membros dessa turbulenta multidão das ruas", escreveu Líbano Soares. "E eram constantemente apanhados nas malhas da repressão."[79]

Mas a prisão durava pouco e logo eles voltavam a circular pelos becos e cortiços da "Pequena África". Com a virada do século, o Rio de Janeiro se modernizou e, com o progresso, expulsou os negros para a periferia e para os morros da cidade. O centro e a antiga Zona Portuária passaram a ser ocupados por bancos, hotéis de luxo, cafés, jornais.

Daquele lugar, ficaram as marcas de um tempo decisivo para criação da identidade cultural do país. Como bem definiu o cineasta e escritor Roberto Moura: "Da Pequena África no Rio de Janeiro surgiram alternativas concretas de vizinhança, de vida religiosa, de arte, trabalho, solidariedade e consciência, onde predominaria a cultura do negro vindo da experiência da escravatura [...]."[80]

Febre amarela e saúde pública

No dia 3 de setembro de 1849, aportou em Salvador o navio norte-americano *Brazil*, procedente da cidade de Nova Orleans, depois de uma escala no porto de Havana, em Cuba. Embora a embarcação tivesse perdido dois de seus tripulantes em alto-mar, por doença de causa desconhecida, foi autorizada a desembarcar em território brasileiro, já que a documentação estava em dia.

A imprudência das autoridades portuárias custou caro para a população: um mês depois a febre amarela – doença provocada por um vírus que se propaga por meio da picada de mosquitos – já se alastrava pela cidade e o sistema de saúde entrava em colapso. Inicialmente os doentes foram atendidos no Hospital de Caridade da Santa Casa de Misericórdia, que logo não conseguiu mais dar conta da demanda. Enfermarias improvisadas foram então montadas no Convento de Santa Tereza, no Convento do Carmo e no Hospital Inglês. Até a residência do primeiro hematologista do Brasil, Otto Wucherer, recebeu doentes. Mais tarde, ele relataria que perdeu quase todos os enfermos ali assistidos, entre eles sua própria esposa.

Diante do caos, médicos e enfermeiros passaram a atender os marinheiros infectados nas próprias embarcações ancoradas no porto de Salvador. Em pânico, a população da cidade culpava os navios negreiros pela disseminação da doença. Na visão do historiador Flávio Gonçalves dos Santos, a epidemia de febre amarela de 1849 teria aumentado a "animosidade" da população em relação à presença de embarcações ligadas ao tráfico negreiro: "As pessoas viram nos tumbeiros [navios negreiros] potenciais agentes difusores de epidemias por causa de suas péssimas condições de higiene que no geral apresentavam, e pelos frequentes contatos com o continente africano, que na época era considerado um lugar inóspito e doentio."[81]

O preconceito com os negros africanos, que já era grande, atingiu proporções estratosféricas. O governo, que havia décadas já vinha praticando medidas restritivas contra essa parcela da população, encontrava cada vez mais respaldo para adotar sanções arbitrárias. Em lugar de reprimir o tráfico humano, que era fonte de renda para muita gente, as autoridades tratavam de aumentar a repressão aos africanos que já viviam na província. Foi assim que, numa canetada, sem maiores explicações, o novo chefe provincial da Bahia, Francisco Gonçalves Martins, promulgou, em 1850, uma lei proibindo quem não fosse brasileiro de exercer a atividade de saveirista na Baía de Todos os Santos.

Esse era um dos principais ofícios dos chamados africanos de ganho, que promoviam em seus saveiros intenso movimento de mercadorias entre o Recôncavo e a capital baiana. Com a proibição, muitos se viram sem o sustento e tiveram de apelar para a mendicância. Em fala à Assembleia Provincial, Martins festejou os efeitos de sua medida: "Sem dúvida tem já desaparecido de nosso cais o desagradável espetáculo de uma multidão de africanos meio nus, aglomerados nas escadas e pequenas embarcações, o que dava uma triste ideia de nossa civilização ao estrangeiro que pela primeira vez aqui desembarcava."[82]

Com pretexto higienista, os velhos sobrados da região central de Salvador que serviam de moradia a escravos de ganho e africanos libertos passaram a ser vasculhados atrás de focos de epidemias. Muitos desses casarões haviam abrigado a elite baiana antes que as classes mais abastadas se mudassem para a Cidade Alta, que se tornou opção mais propícia ao uso residencial. Esvaziados, os antigos palacetes foram transformados em cortiços e espaços para dormir.

Os sobrados eram alugados por andar. Quanto mais inferior, mais barato custava. Aos negros, eram destinados os subsolos, ou "lojas", como eram chamados. A partir de meados do século XIX, os andares passaram a ganhar subdivisões feitas de madeira. E várias famílias viviam em verdadeiros cubículos. A maioria das "lojas" ficava na Freguesia da Sé, na região central da cidade, próximo ao local onde havia também a maior parte dos "cantos", como eram chamados os pontos de encontro dos "ganhadores".

Nas palavras da folclorista Hildegardes Vianna, uma das maiores estudiosas dos costumes baianos, os cidadãos que viviam nos subsolos ou nos andares inferiores das residências eram considerados de "segunda linha" na hierarquia social. "Segundo o preconceito da época, considerar telhado o assoalho alheio não era honra ou glória para quem quer que fosse", escreveu ela.[83]

O que se sabe desses espaços de morar vem das descrições feitas à época por médicos higienistas que visitavam esses cortiços na tentativa de "desinfetar" a cidade das epidemias. Um desses médicos, da Comissão Municipal de Higiene, registrou a visita a uma dessas moradias: "Edificadas muito de encontro às abas das montanhas, tendo até por paredes a rocha ou a terra, e expostas ao ocidente, faltam a umas as condições próprias para o arejamento, outras carecem de luz e quase todas reúnem as péssimas condições de excessiva umidade e calor."[84]

Em outra descrição, um estudante de medicina conta ter entrado em uma casa que mais parecia uma "gruta", ou uma "caverna", onde viviam negros amontoados, na região central, também na década de 1850. Em seu livro *Sobrados e Mucambos*, Gilberto Freyre também se refere a esses cortiços habitados por africanos e transcreve as impressões de um médico, Luís Correia de Azevedo, para quem essas moradias seriam "antros" e um "flagelo", ou ainda "um perigo de cada instante para a saúde pública".[85]

Em outra menção mais detalhada aos cortiços, uma edição do jornal *O Alabama*, de 1869, chamava esses espaços de "verdadeiros quilombos". Segundo o periódico, os proprietários de muitos sobrados da região central, no afã do pronto recebimento dos aluguéis, não se importavam que seus imóveis estragassem ou que a vizinhança se sentisse "incomodada" com os transtornos.

O jornal criticava ainda a ocupação, por parte dos africanos, de áreas que poderiam ser destinadas a "qualquer nacional". E descrevia uma dessas casas, dizendo que o inquilino "reduz as salas, quartos e cozinhas a pequenos cubículos, divididos por tábuas, esteiras, e até mesmo por cobertas, e da noite para o dia estão todos esses casebres ocupados". Por fim, *O Alabama* afirmava que "o negro que aluga a casa, além de lucrar cento por cento na especulação, se constitui chefe de quilombo".

Parte 4

"[..] eu, como simples aprendiz-compositor, de onde saí para o foro e para a tribuna, onde ganho o pão para mim e para os meus, que são todos os pobres, todos os infelizes; e para os míseros escravos, que, em número superior a 500, tenho arrancado às garras do crime".

(Da carta de Luiz Gama a Lúcio de Mendonça)

O último desembarque

Os navios negreiros, apontados como focos de transmissão de doenças e pestes, continuaram a ancorar em território baiano, até mesmo depois da lei de setembro de 1850, que pretendia definitivamente extinguir o tráfico de escravos. Estima-se que mais de 6 mil africanos tenham entrado na Bahia depois da promulgação dessa lei.

As estratégias para driblar a proibição do tráfico negreiro vinham sendo colocadas em prática desde a primeira década do século, quando, em 1810, Portugal assinou com a Inglaterra um "Tratado de Aliança e Amizade" no qual a Coroa portuguesa se comprometia a adotar medidas com vistas à gradual extinção da escravidão. As coisas pioraram ainda mais a partir de 1815 quando, no Congresso de Viena, a Coroa portuguesa se viu pressionada a concordar com a proibição do tráfico negreiro nas águas ao norte da Linha do Equador.

A Inglaterra havia abolido a escravidão em 1807 e promovia pesada pressão internacional para extinguir o tráfico humano. Fazia isso movida por questões humanitárias e econômicas. A historiadora Ana Luíza Mello Santiago de Andrade avalia que para a Inglaterra concluir o seu projeto de industrialização, iniciado um século antes com a Revolução Industrial, era essencial modificar as relações de trabalho e de mercado consumidor. "Neste novo modelo econômico era mais interessante e lucrativo manter os africanos na África, incentivando uma produção de matérias primas baratas", disse Andrade. "Além disso, o fim da escravidão fazia desses homens e mulheres um mercado consumidor de produtos industrializados em potencial."[86]

Fato é que, a partir da assinatura do tratado com Portugal e do Congresso de Viena, cruzadores britânicos passaram a vigiar a costa africana a fim de impedir o embarque de navios negreiros para a América. Vários carregamentos, destinados principalmente ao porto de Salvador, foram interceptados, causando um prejuízo astronômico a toda uma cadeia econômica que vivia da escravidão. Faziam parte dessa engrenagem escravista funcionários públicos, militares e grandes e pequenos proprietários que investiam todos os seus recursos nesse modelo abastecido pelo tráfico humano.

Enquanto o mundo se modernizava, no Brasil, em função desse modelo de financiamento coletivo do tráfego de escravos, boa parte do capital nacional, em vez de ser canalizado para investimentos na infraestrutura ou produtividade da atividade econômica, foi aplicado em um sistema primitivo, de baixíssima produtividade, sem perspectiva de prosperar em tempos modernos, aumentando o atraso do país em comparação com outros países.

As tensões diplomáticas entre Portugal e Inglaterra se acirraram. No Brasil, a hostilidade a autoridades britânicas quase ganhou contornos de tragédia. Em 1816, um funcionário do Consulado da Inglaterra em Salvador relatou ao cônsul Alexander Cunningham que na região portuária da cidade várias pessoas estavam reunidas em preparação para atacar com facas e bastões todo cidadão inglês que encontrassem pela frente. Não há qualquer registro, entretanto, de que isso tenha acontecido.

Cada vez mais pressionado pela Inglaterra, o governo imperial brasileiro promulgou pela primeira vez, em 1831, uma lei proibindo a importação de escravos. Mas o sistema escravista estava tão arraigado na economia do país que até mesmo a Corte fazia vista grossa para os desembarques, que continuaram a acontecer. Tanto assim que a nova lei logo acabou apelidada de "lei para Inglês ver".

A Inglaterra, por sua vez, com sua soberania naval, passou a vigiar não só a costa africana como também a do Brasil. O que exigia por parte dos traficantes estratégias cada vez mais ousadas e criativas para assegurar a manutenção do sistema. A importação de escravos continuou a acontecer de maneira velada, com artimanhas curiosas, como visto em Pernambuco. Ali, nas proximidades do Recife, havia um conhecido porto clandestino de navios negreiros. Para disfarçar, os senhores não diziam que recebiam cargas de escravos, e sim de galinhas. Por isso o lugar ficou conhecido como Porto de Galinhas.

Em Salvador, muitos desembarques passaram a acontecer numa praia então afastada do centro, no bairro da Pituba, apelidada pelos baianos da época como "Praia do Chega Nego". Hoje em dia leva o nome de Praia Jardim dos Namorados.

Outro local escolhido para o desembarque clandestino de escravos era a Ilha de Itaparica. Foi ali que aconteceu a última e desastrosa chegada de africanos de que se tem notícia, em 29 de outubro de 1851, de acordo com o historiador Luís Henrique Dias Tavares.[87]

Por volta das oito da manhã do dia 29 de outubro, perto da costa, na altura do Morro de São Paulo, o primeiro-tenente Manoel Evaristo de Souza França, que comandava o iate militar Itagipe, avistou uma escuna e suspeitou que nela se fazia o tráfico humano de escravos, já proibido por lei.

Imediatamente o iate militar saiu em perseguição da escuna e, ao perdê-la de vista, o primeiro-tenente ordenou que dois botes descessem da sua embarcação para fazer um rastreamento mais preciso pela costa. Manoel Evaristo e o restante da tripulação seguiram para Salvador para comunicar as autoridades do ocorrido.

Na manhã do dia 30, com reforço de soldados da Guarda Nacional, o primeiro-tenente voltou ao local e encontrou, próximo à praia da Fazenda Pontinha, em Itaparica, a embarcação suspeita encalhada e sem ninguém. Dirigiram-se então à praia e, na fazenda, encontraram os marinheiros que haviam saído em perseguição aos suspeitos no dia anterior. Era um quadro desolador.

Estirados na areia estavam os corpos de onze escravos que, diante do encalhe da escuna, tiveram que seguir a nado até a praia e morreram afogados. Outros 47 africanos, que sobreviveram, foram encontrados pelos marinheiros e estavam em seu poder na sede da fazenda. A maioria deles, entretanto, havia fugido com a tripulação pela mata que cercava a região.

Na sede da fazenda, que pertencia a Higino Pires Gomes, os militares encontraram provas de que ali ocorreria o desembarque ilegal, precipitado pelo encalhe da escuna. Havia mantimentos e alimentos para receber os africanos e documentos reveladores do tráfico.

Em buscas pela região, com o reforço de 24 praças da Guarda Nacional, foram recuperados mais 209 africanos que estavam na escuna. Ao todo, foram resgatados 357 cativos.

Um desses africanos, chamado Noé, contou que era de Luanda, em Angola (por isso falava português), e que havia sido escravizado depois de cair prisioneiro de guerra e ser vendido para o tráfico. A escuna, chamada *Relâmpago*, saíra do porto de Onim (atual Lagos), na Nigéria, trazendo para o Brasil mais de oitocentos africanos. Alguns morreram na viagem; outros, afogados; e os demais foram encontrados pelas autoridades ou desapareceram nas matas.

Dois tripulantes da escuna, espanhóis, acabaram presos na casa de uma prostituta em Salvador e contaram terem sido arregimentados para a viagem no porto de Onim. Na embarcação, foi encontrada uma carta endereçada ao piloto, o espanhol Melchior Garcia, por sua mulher. Na carta, ela dava notícias do filho que havia nascido oito meses antes, que ele não conhecera. E avisava que o pagamento do aluguel de sua casa estava atrasado fazia três meses.

Os cativos apreendidos pelas autoridades, resultado desse tráfico ilegal, foram distribuídos depois pelo governo da província para trabalhar em obras públicas, como os serviços de nivelamento do campo do Forte São Pedro, em Salvador.

Dois anos depois, o governo imperial editou um decreto tornando emancipados todos os escravos chegados ilegalmente ao Brasil após a proibição do tráfego, desde que prestassem quatorze anos de serviços a instituições públicas ou concessionárias. Esse prazo era considerado pelas autoridades como um período de aprendizado da liberdade.

Ocorre que o decreto, na prática, não era respeitado e muitos desses africanos, supostamente libertos, tiveram que lutar por anos a fio na Justiça para, de fato, conseguirem a liberdade.

A historiadora Beatriz Gallotti Mamigonian recolheu histórias de escravos que se agruparam para reivindicar esse direito, com estratégias de resistência que se utilizavam até mesmo das suas respectivas etnias para pressionar as autoridades. Como exemplo, ela citou um grupo de escravos da Costa Mina que estivera inicialmente prestando serviços na Bahia e depois no Rio de Janeiro, após serem capturados num desembarque clandestino. Como era conhecido em todo o Brasil o caráter belicoso dos africanos dessa origem, sobretudo depois da Revolta dos Malês, eles se valiam disso para ameaçar veladamente as autoridades caso não conseguissem seus direitos pelas vias legais. "Os membros do grupo de africanos livres adotaram essa identidade, que servia de rótulo com vários significados, incluindo potencial para resistência", avaliou Mamigonian.[88]

Um dos casos estudados pela historiadora é do africano Felix, apreendido num desembarque ilegal na Bahia, em 1835. Depois de ter servido no Arsenal da Marinha naquela província, ele foi remetido para o Rio de Janeiro, onde prestou serviços numa fábrica de ferro. Somente em maio de 1861 Felix conseguiu receber seu aviso de emancipação expedido pelo Ministério da Justiça. Ainda assim, com uma condição: que voltasse para a África por conta própria, assumindo as custas.

Como não tinha recursos, um ano depois ele ainda se encontrava no regime de serviço obrigatório, dessa vez no Arsenal de Guerra, na Corte. E, após uma nova tentativa judicial, finalmente em 1862 teve seu pedido para cancelamento da cláusula da reexportação deferido pelo Imperador. Isso aconteceu 27 anos depois do seu desembarque ilegal em território brasileiro.

Cólera

O fim da era dos navios negreiros, tidos como grandes transmissores das pestes, não foi suficiente para colocar um ponto final nas epidemias que dizimavam a população baiana. Em 1855, Salvador viveu novos dias de terror sanitário, com um surto de cólera. Tudo começou no dia 21 de julho, quando dois pescadores de baleias, do bairro do Rio Vermelho, morreram depois de apresentarem fortíssimo quadro de diarreia e vômito.

Naquele mesmo dia, uma mulher e um menino também morreram com os mesmos sintomas, na casa vizinha ao Convento das Carmelitas, na região central da cidade.

Aqueles que foram considerados casos isolados começaram a se multiplicar nos dias seguintes. No Rio Vermelho, durante o mês de agosto, foram registradas em média dez mortes por dia daquela misteriosa doença, que tirava a vida das pessoas num curto espaço de tempo. Desesperados, moradores do bairro abandonavam suas casas com medo de pegar a enfermidade e fugiam para residências de amigos e parentes em outras áreas de Salvador.

Mas a fuga passou a ser em vão: no fim daquele mês a doença já atingia praticamente toda a cidade. Escravos, libertos e brancos foram contaminados. Muitos trabalhadores ligados ao transporte de mercadorias foram abatidos, e a falta de braços para circular os produtos começou a afetar o comércio e causar uma crise no abastecimento.

Em começo de setembro, já havia escassez de alimentos, o que gerou uma onda de carestia nos itens de primeira necessidade. Cadáveres passaram a ser abandonados na porta das igrejas e até mesmo nas ruas. Com medo do contágio, familiares pagavam os negros para retirar os mortos de suas casas. E muitos deles acabavam se contaminando nessa remoção.

Os doentes chegavam a perder até um quarto do líquido de seus corpos e sucumbiam com a pele seca e os olhos fundos, num quadro dramático. Ainda não se conhecia o bacilo causador dessa doença, só identificado em 1884. Diante desse desconhecimento, muitos acreditavam que a enfermidade era causada pelos miasmas, gases que exalavam do lixo e da decomposição de animais. A cidade não tinha qualquer sistema de higiene e era um verdadeiro lixão a céu aberto. Nessa ocasião, foram definitivamente proibidos os sepultamentos dentro das igrejas, como o governo pretendia já desde 1836 e acabou não conseguindo em função da Cemiterada. Agora havia um motivo sanitário para isso.

Num trabalho publicado anos depois, o médico Rodrigues Seixas estimou que 3.600 pessoas morreram na província da Bahia pela epidemia, que durou de julho de 1855 a abril de 1856. No mesmo estudo, Seixas identificou que 49% dos mortos eram mulatos, 36% negros e 13% brancos.[89]

Pelo grande número de negros e mulatos abatidos, uma vez mais recaiu sobre eles, pela suposta falta de higiene em suas moradias, a causa de mais essa epidemia. Foram intensificadas as medidas para coibir, por exemplo, a criação de porcos na área urbana. As moradias eram vasculhadas a todo tempo pelos agentes da Comissão Municipal de Higiene atrás de possíveis focos da doença.

A devassa que se estabeleceu às moradias dos negros abriu brecha para outro tipo de perseguição: a religiosa. Eram comuns os terreiros de candomblés escondidos em "lojas", subterrâneos e quartos onde viviam africanos. Proibidos pela polícia, muitos deles foram descobertos nas visitas que as autoridades faziam sob o pretexto de verificar as condições de higiene.

Um dos casos emblemáticos dessa perseguição religiosa foi narrado por João José Reis, que levantou toda a documentação acerca da prisão do africano liberto Domingos Sodré, detido sob a acusação de praticar "feitiçaria". Sodré havia sido denunciado pessoalmente ao chefe da polícia de Salvador por um funcionário da Alfândega. Era acusado de receber por suas "adivinhações" feitas em sua casa, na Ladeira de Santa Tereza, objetos roubados pelos escravos de seus senhores, sobretudo joias.[90]

Logo a polícia montou uma operação repressiva a esse candomblé clandestino, da qual fizeram parte o subdelegado interino da freguesia de São Pedro Velho, onde ficava a residência, mais dois inspetores de quarteirão e o comandante do corpo policial.

Segundo notícia publicada no *Diário da Bahia*, o liberto Domingos ocupava a "loja" do imóvel, ou seja, o subsolo, servido apenas por pequenos orifícios redondos para ventilação, os chamados "óculos", que davam para a calçada. Dentro do cômodo, foram encontrados "diversos objetos de feitiçaria", alguns de metal e outros de madeira, além das joias supostamente roubadas.

À polícia chamou a atenção o fato de não terem sido encontrados, no local, instrumentos de percussão, como os atabaques, comuns nos candomblés. A explicação talvez fosse a preocupação em não fazer barulho. Era um local apenas de consultas e preparação de trabalhos, concluíram. Como a feitiçaria não era crime inscrito no Código Penal, Domingos foi preso por suspeita de receptação de objetos roubados. Mas, como era réu primário, acabou solto dias depois, comprometendo-se a "tomar meio de vida honesto". Caso não o fizesse, seria obrigado a voltar à África por meios próprios.

Em outro caso de perseguição religiosa, arquivos policiais revelaram que foram para a Cadeia de Correção os africanos Julio e Maria, pertencentes a Amaro Gomes Pereira Lima. Eles foram flagrados na freguesia do Pilar "em uma casa de divertimentos que o vulgo [Julio] chama de candomblé". Já num episódio levantado por Pierre Verger, 42 negros foram presos por participar de um "batuque" na Quinta das Beatas. Entre os presos, sete eram escravos.[91]

De acordo com o antropólogo Jocélio Teles dos Santos, a expansão dos terreiros ocorreu por toda a cidade ao longo do século XIX.[92] Muitos estavam alojados na área urbana, de maneira camuflada. Quando descobertos, acabavam se transferindo para as regiões mais periféricas. É o que pode ter acontecido, por exemplo, com aquele que, segundo a tradição oral, teria sido o primeiro candomblé ketu-nagô a se instalar na cidade, na Ladeira do Berquió, próximo à Igreja da Barroquinha. Na segunda metade do século XIX, ele se transferiu para o Engenho Velho da Federação, ainda um subúrbio da cidade. E lá se encontra até hoje com o nome de Terreiro da Casa Branca do Engenho Velho.

Recentemente, a pesquisadora Lisa Earl Castillo descobriu documentos que associam a mudança de endereço do terreiro à Revolta dos Malês, ocorrida em 1835. Isso porque logo depois do levante sua fundadora, Iyá Nassô – cujo nome brasileiro era Francisca da Silva –, mudou-se para a África para acompanhar dois filhos deportados por envolvimento na insurreição. Junto com ela foram na viagem seus agregados. Entre eles sua "filha espiritual", Marcelina da Silva. Anos depois, em 1839, Marcelina voltou à Bahia e retomou a comunidade religiosa fundada por Iyá, promovendo posteriormente sua mudança para o Engenho Velho.[93]

Segundo Castillo, esse terreiro fazia parte de uma rede transatlântica entre as cidades de Lagos, na Nigéria, e Salvador. Seus membros mantiveram contato permanente com a África e ele funcionou como uma espécie de embaixada informal africana em plena Bahia.

Buscando quantificar os candomblés de Salvador no século XIX, Jocélio Teles dos Santos cruzou dados e documentos de todas as espécies e chegou ao número de 81 terreiros entre os anos de 1850 e 1897. Nessa contagem entram os localizados nos arrabaldes e os urbanos, que eram instalados sobretudo nos becos e vielas do centro velho da cidade.[94]

Um desses terreiros foi localizado recentemente pelo arqueólogo Samuel Lira Gordenstein durante escavações arqueológicas na antiga Rua do Tijolo, atual Rua 28 de Setembro, próxima ao Pelourinho. O candomblé funcionava num porão. Foram encontrados fragmentos de cachimbos, ossos de animais que teriam servido em rituais, búzios, uma figa e contas para decorar adornos, além de miçangas. Foi localizada no local também uma moeda francesa de cinco francos, do ano de 1857, o que permitiu estimar a época de funcionamento daquele terreiro camuflado em pleno centro de Salvador.[95]

Também camufladas eram as danças e manifestações culturais, como a capoeira. Trazida para o Brasil pelos escravos angolanos, na segunda fase do tráfico negreiro para a Bahia, ainda no século XVII, essa mistura de arte marcial com dança era perseguida pelas autoridades. Um decisão governamental de 6 de janeiro de 1822, por exemplo, mandava castigar com açoites os escravos capoeiras presos em flagrante delito.

Apesar de perseguida pelas autoridades, a capoeira era praticada nas ruas e fazia parte da vida urbana de Salvador. Em 1856, o vice-cônsul britânico James Wetherell assim a descreveu: "Uma cena que se vê muito na parte baixa da cidade é a dos pretos brigando com suas mãos abertas. Raramente chegam aos socos ou, ao menos, a pancadas capazes de lhes causar sérios danos. São todo movimento, saltando e mexendo braços e pernas sem parar, iguais macacos quando brigam."[96]

Mas foi em 1890, já em plena República, que a capoeira passou a ser considerada crime e entrou no Código Penal, com penas estabelecidas de prisão e deportação dos criminosos. Somente em 1940, com a instituição de um novo Código Penal Brasileiro, a prática da capoeira deixou de ser proibida. E, em 1941, pelas mãos do presidente Getulio Vargas, passou a ser reconhecida como modalidade desportiva.

Mas, na virada do século XIX para o XX, os "angolas", como eram chamados os negros praticantes da capoeira, ainda eram figuras malvistas e perseguidas pela polícia. Em seu livro *Costumes africanos no Brasil*, o escritor Manuel Querino descreveu a figura desse personagem folclórico do universo afro-brasileiro. E narrou como se dava a prática naquela época: "O angola era, em geral, pernóstico, excessivamente loquaz, de gestos amaneirados, tipo completo e acabado do capadócio e o introdutor da capoeiragem, na Bahia."[97]

Querino explicou em seu livro que as grandes disputas entre os "angolas" aconteciam especialmente no Domingo de Ramos e no Sábado de Aleluia, escondidas da polícia. Vinham negros de toda a cidade para as "escaramuças". "Cada bairro levava uma bandeira e, terminada a luta, o vencedor conduzia a bandeira do vencido", escreveu.

Em outro trecho, contou que "o capoeira era um indivíduo desconfiado e sempre prevenido". E mais: "andando nos passeios, ao aproximar-se de uma esquina tomava imediatamente a direção do meio da rua". Isso para não ser surpreendido. Vestia calças de boca larga e "chapéu à banda".[98] Muitos desses negros capoeiristas trabalhavam no "ganho" pelas ruas de Salvador. E grande parte deles tomou parte no movimento que paralisou a cidade, em 1857.

A greve de 1857

A Bahia parou. Sete anos após a lei que proibiu os africanos de exercerem o ofício de saveiristas e depois de tantas medidas arbitrárias contra os negros, a cidade de Salvador passou por uma revolução diferente das outras, por não ter derramamento de sangue.

Uma revolução que causaria tanto temor e desconforto na elite branca como as outras e teria uma adesão ainda maior por conta da população negra, livre ou cativa. Uma rebelião pacífica, mas que transformaria a vida de uma população acostumada a depender do trabalho escravo.

Cabia aos negros todo tipo de transporte pelas ruas da cidade. Seja de gente, por meio das cadeiras de arruar, ou de mercadoria. Escravos e libertos de ascendência africana transportavam pelas vielas estreitas da cidade desde um envelope de cartas até pesadas caixas de açúcar. Passando por barris de aguardente, água para abastecer as casas – vindas as quatorze fontes públicas – e até tonéis de fezes que eram depois lançados ao mar.

Às negras, por sua vez, cabia todo comércio ambulante, que trazia conforto para a população. Quem morava na Cidade Alta, por exemplo, preferia pagar de 10 a 20% a mais por uma mercadoria vendida pelas "ganhadeiras" do que descer para a Cidade Baixa e adquirir o produto em lojas e armazéns.

Pelas ruas, o que se via era o trançar de negros para cima e para baixo. Era deles o barulho que se ouvia em qualquer beco da cidade, com seus gritos, assovios e canções de trabalho. Eram músicas inventadas na hora, no estilo repentista. Vem desse ano de 1857 o primeiro registro que se tem de uma canção popular baiana, num verso de um africano de ganho:

> "Destes quatro barris velhos
> Podem fazer meu caixão
> Para quem vive de dores
> Morrer é consolação"[99]

Ocorre que a Câmara Municipal resolveu não gostar dessa liberdade entre os negros e impôs mais restrições ao trabalho de rua. Isso para tornar a vida dos africanos mais difícil e forçar a expulsão voluntária de uma categoria malvista. Nesse sentido, publicou uma postura restritiva, determinando a obrigatoriedade de obtenção de uma matrícula municipal, além da exigência de utilização de uma chapa de identificação, que deveria ser exposta ao corpo. Os custos para a matrícula e a chapa eram suficientes para se comprar 15 quilos de carne na época. A postura previa ainda uma punição de oito dias de cadeia aos que desrespeitassem a norma.

Preocupado com a possível reação, o presidente da província ainda tentou abrandar a determinação junto à Câmara. Sugeriu que se mantivesse a exigência das chapas de identificação, mas não se cobrasse a matrícula. Foi voto vencido e os vereadores mantiveram a postura original.

Diante do endurecimento, Salvador amanheceu em silêncio na manhã de 1º de julho. Nenhum negro de ganho saiu à rua e o caos se instalou. O *Jornal da Bahia* noticiou que a cidade parou. Não havia quem transportasse água. Os dejetos se acumularam pelas ruas. Os comerciantes começaram a temer perdas, já que suas mercadorias deixaram de circular.[100]

Mas nada se fez e o movimento continuou pelos dias seguintes. No terceiro dia de greve começaram a ocorrer desistências pontuais entre os negros. Antecipando o que depois ficaria conhecido como "piquete", muitos grevistas, sobretudo mulheres, passaram a atacar com pedradas os negros que obedeciam às autoridades e saíam às ruas portando as chapas de identificação. Esses ataques aos fura-greve contaram também com a forte participação de uma categoria peculiar na cena urbana da Salvador daquela época: a dos meninos crioulos, que perambulavam pelas ruas e eram exímios atiradores de pedras. Essas crianças, negras e seminuas, de barriga inchada pelos vermes, viviam da caridade pública e estavam sempre prontas a engrossar os levantes e tumultos provocados pela população escrava e pela plebe livre da Bahia.

Quando o movimento chegou ao décimo dia e a cidade vivia uma das piores crises de abastecimento de sua história, a Câmara se viu forçada a revogar a medida. Aboliu a taxa, mas manteve a exigência de utilização da chapa. Na manhã do dia seguinte, grande quantidade de negros se apresentou pelas ruas de Salvador com a placa de identificação, pronta para o trabalho.

Terminava ali aquele que foi o primeiro movimento grevista envolvendo um setor importante da classe trabalhadora urbana no Brasil. A greve dos negros de ganho na Bahia, em 1857, antecipou as mobilizações operárias, sobretudo de imigrantes, que tomariam conta do país a partir de 1917.

Antes disso, na própria cidade de Salvador, outro movimento envolvendo trabalhadores negros mostraria uma vez mais o poder de resistência dessa marginalizada camada da população baiana. No dia 21 de março de 1871, o jornal *O Alabama* noticiou aquele que ficou conhecido como o "Boicote das Aguadeiras".

A notícia informava que as negras ganhadeiras que buscavam água no chafariz do Terreiro de Jesus haviam se revoltado contra o guarda do local, que resolvera cobrar uma taxa extra pela água derramada nos barris. E mais: proibira as negras de lavar o rosto com a água da fonte.

Logo as ganhadeiras se organizaram e passaram a buscar água em outras fontes, localizadas em São Bento, no Guadalupe ou no Pelourinho. Com o esvaziamento de sua clientela, o guarda voltou atrás e não só deixou de cobrar a taxa extra como franqueou toda água que elas quisessem, para se lavar e beber à vontade.

O motim de 1858

As pedras do calçamento da Praça do Palácio, no centro de Salvador, viraram armas nas mãos da população que ali se juntou, no dia 28 de fevereiro de 1858, para protestar contra a carestia dos alimentos básicos, principalmente a farinha de mandioca e a carne fresca.

O alvo do protesto era o presidente da província da Bahia, José Sinimbu, que numa manobra política havia revogado uma postura da Câmara Municipal de Salvador determinando que a farinha fosse vendida apenas num celeiro público instalado junto ao porto, ao lado do prédio da Alfândega, onde hoje fica o Mercado Modelo.

Com essa postura, a Câmara pretendia eliminar os atravessadores, que seriam responsáveis pelos preços abusivos. E, de fato, com a medida o monopólio foi quebrado e o preço da farinha caiu.

Mas a alegria da população durou pouco. Atendendo a pedidos dos comerciantes, o presidente da província, que havia estudado na Europa e era adepto do liberalismo econômico, revogou a decisão da Câmara até que a Assembleia Provincial, que por lei imperial decidia sobre as posturas municipais, emitisse opinião sobre o assunto.

Como a Assembleia não emitiu uma decisão conclusiva, a Câmara Municipal reeditou a postura restringindo a venda de farinha ao Celeiro Municipal, alegando atender o "clamor popular". Numa verdadeira guerra entre poderes, o presidente da província suspendeu vereadores que o haviam criticado por suposto "abuso de poder". E nomeou suplentes alinhados ao seu grupo político.

Enfurecida, uma multidão lotou a Praça do Palácio por volta das três da tarde de 28 de fevereiro de 1858. Aos gritos de "queremos carne sem osso e farinha sem caroço", os manifestantes invadiram o prédio da Câmara, dirigiram-se ao plenário dando "vivas à Casa do Povo". Em seguida, marcharam para o Palácio do Governo, onde estava Sinimbu.[101]

O prédio foi apedrejado e seus vidros estilhaçados. Um soldado que fazia vigília foi ferido e atirou contra os manifestantes. A confusão saiu do controle e a cavalaria irrompeu contra os insurgentes, com baionetas apontadas. Como todas as saídas da praça estavam bloqueadas, para evitar que mais gente se juntasse aos revoltosos, o povo ficou preso sem ter por onde fugir. O dia estava anoitecendo e a lua já se colocava quando, perto das sete da noite, dezenas de feridos foram contabilizados e encaminhados à Santa Casa.

No dia seguinte, 1º de março, indiferentes às manifestações da véspera, os vereadores suplentes tomaram posse em sessão extraordinária e revogaram a postura que restringia a venda de farinha ao Celeiro Municipal. Nova multidão tomou conta mais uma vez da Praça do Palácio, em mais um ato de protesto sem efeito, já que a decisão havia sido tomada e Sinimbu não voltaria atrás. E o pior: 53 pessoas foram presas por atentado contra a ordem pública.

Entre os detidos, havia escravos. A maioria dos manifestantes era formada por negros e mulatos libertos, a camada mais sofrida da sociedade baiana e a mais atingida pela carestia dos alimentos.

Espectador do movimento, o cônsul inglês John Morgan relatou ao governo de seu país os desdobramentos da revolta, alegando como causa o "preço de fome" dos alimentos. Disse ainda que a carestia provocou "o levante dos espíritos da grande população livre de cor", levando-a a praticar "excessos".[102]

Num texto repleto de preconceitos, Morgan disse aos seus superiores que considerava completamente inapropriada a atitude do presidente da província, de "pregar os princípios do mercado livre para uma população de cor ignorante". Ou ainda, "uma massa composta exclusivamente das ordens baixas".[103]

Também chamada de "Revolta dos Chinelos" – porque muitos dos participantes perderam seus calçados ao fugir da polícia – essa manifestação foi o último degrau de uma escalada de insatisfação popular que balançou a Bahia no século XIX.

Estudos da historiadora Kátia Mattoso decifraram anos depois a origem desse descontentamento. Um pedreiro, por exemplo, gastava, em 1854, 47,3% do seu salário para comprar itens básicos de alimentação para sua família: farinha, feijão e carne seca. Já em 1858, ano da revolta, consumia 58,5% do seu ganho na mesma compra.[104]

Embora vitorioso no embate com a Câmara Municipal e a população descontente, o presidente da província foi alçado ao lugar de inimigo público número um da plebe baiana. E isso lhe custou caro: no dia 25 de março daquele mesmo ano, ele sofreu um atentado a tiros quando assistia da sacada do palácio a cerimônia de juramento da Constituição do Império. Não morreu, mas deixou o cargo dois meses depois e foi morar no Rio de Janeiro, onde assumiria a função de ministro das Relações Exteriores e mais para a frente a de ministro da Justiça.

A grave situação econômica já atingia diversos setores da sociedade baiana e não estava mais restrita aos negros. Mesmo nas camadas mais abastadas pairava um desalento com a falta de perspectivas e o declínio financeiro da Bahia. O que fez com que o novo presidente da província, Antonio da Costa Pinto, em março de 1861 registrasse num relatório apresentado à Assembleia Provincial sua preocupação com o aumento dos casos de suicídios. No documento, ele observou que o flagelo social atingia todas as classes, não apenas "os escravos, consumidos pelos martírios da escravidão".

Com relação aos cativos, como salientou o sociólogo Roger Bastide, havia entre os seguidores do candomblé a crença de que as almas dos mortos deixavam o Brasil depois do enterro, para se unir aos ancestrais na África. Isso justificaria grande parte dos suicídios. Era também uma forma de resistência, em que usavam suas próprias vidas. Como o caso do negro João, levantado pelo historiador

Jackson Ferreira, cuja última frase foi um recado ao seu senhor: "vosmicê pode hoje mandar pra me vim surrar-me e fazer de mim o que quiser, por hoje se acaba a lida".[105]

Em casos mais chocantes, a atitude extremada atingia também as crianças. O *Diário da Bahia* noticiou o episódio de uma escrava de Santo Amaro, no Recôncavo, que conseguiu fugir e se estabelecer num local distante, como forra. Ali teve filhos e levava uma vida em liberdade até o seu antigo senhor descobrir seu paradeiro. "Não querendo mais sujeitar-se ao captiveiro, manietara (amarrara) os filhos e os lançara a afogar no tanque, e depois se atirara também", dizia a notícia.

Jackson Ferreira levantou 524 casos de tentativa ou suicídio na Bahia oitocentista, sendo que 75% deles ocorreram em Salvador. Desse total, 47% eram escravos, 44,6% livres e 8,4% libertos. Entre as causas apontadas, 25,3% teriam sido por alienação (loucura), 24,2% por terem sido capturados depois de fugas e 18% por não suportarem mais os castigos. As demais causas verificadas foram para evitar pagar por crimes cometidos, por se negarem a ser vendidos ou por questões amorosas. Os métodos utilizados para o suicídio iam do enforcamento (44,5%) à utilização de arma de fogo (4,5%), passando pelo envenenamento (21,9%) e por afogamento (19,4%).[106]

Guerra do Paraguai

Em meio à crise pela qual passava a Bahia na segunda metade do século XIX, um conflito internacional mudou a vida de grande parte dos negros baianos. Em 1864, o governo do Paraguai declarou guerra contra o Brasil como revide a uma intervenção militar brasileira no Uruguai, que atrapalharia os planos paraguaios de ter acesso ao mar.

Embora muito menor do que o Brasil, o Paraguai vinha treinando sua população para um possível conflito: dizia-se que todo paraguaio deveria ter um cavalo e um fuzil para defender sua pátria. Diante disso, 60 mil homens estavam preparados para lutar. Contra uma tropa brasileira de apenas 18 mil soldados.

Nesse contexto, o governo imperial brasileiro tratou de promover uma campanha para receber a adesão de homens dispostos a lutar na guerra. Eram os chamados "voluntários da Pátria", que se juntariam ao efetivo militar brasileiro no conflito.

Na Bahia, formou-se um grupo de voluntários que tinha apenas negros libertos em seus quadros. O destacamento foi chamado de "zuavos baianos", numa alusão ao nome dado à tropa de argelinos que havia servido sob o comando francês em 1830. Ao todo, foram enviados para a Guerra do Paraguai 638 negros, de onze companhias, que embarcaram de Salvador para o local do conflito, com escala no Rio de Janeiro, em março de 1866.

Naquele mesmo ano de 1866, em setembro, as tropas brasileiras sofreram uma grande derrota na chamada batalha de Curupaiti. Muitos homens morreram e os que restaram estavam desnutridos e corroídos pelo cólera e outras enfermidades. Desesperado, o governo imperial brasileiro passou a promover o recrutamento forçado de homens.

Diante da superioridade numérica dos paraguaios, não houve alternativa senão recrutar escravizados mediante o pagamento de indenização a seus proprietários. Em alguns casos, os próprios senhores ofereceram seus escravos para servirem no lugar de filhos e parentes, em troca da alforria concedida. Foram então enviados centenas de ex-cativos para a luta. E eles passaram a compor as linhas de frente nas batalhas.

Entre esses soldados negros, havia "capoeiras", como atestou o escritor Manuel Querino: "Por ocasião da Guerra do Paraguai o governo da então província fez seguir bom número de capoeiras, muitos por livre e espontânea vontade e muitíssimos voluntariamente constrangidos."[107]

Já o historiador autodidata Julio José Chiavenato, que estudou o conflito entre os dois países e o chamou de "genocídio americano", chegou a dizer que os comandantes militares usaram os negros brasileiros, chamados pelos paraguaios de "macacos", como "bucha de canhão".[108]

Lei do ventre livre

Para muitos historiadores, a presença de escravos na Guerra do Paraguai, que lutaram lado a lado com os demais brasileiros, teria apressado e engrossado o movimento abolicionista. Não fazia sentido manter cativos aqueles que lutaram como heróis pelo Brasil.

O primeiro passo nessa direção foi dado em 28 de setembro de 1871, quando o Senado do Brasil aprovou uma lei, patrocinada pelo governo imperial, que pretendia promover a lenta e gradual transição do sistema escravocrata para um novo modelo de utilização de mão de obra livre. A lei concedia alforria a todas as crianças nascidas de mulheres escravizadas no país.

O governo estava sob o comando do chamado "Gabinete Rio Branco", ministério formado pelo Partido Conservador, sob a liderança de José Maria da Silva Paranhos, o Visconde de Rio Branco. Diplomata, Rio Branco pretendia com a lei satisfazer a pressão internacional, sobretudo da Inglaterra, para que fosse extinta a escravidão. Além de atenuar a pressão dos abolicionistas e o descontentamento da grande parcela de negros na população. Por outro lado, visava também atender aos interesses econômicos escravocratas, principalmente dos barões do café do Vale do Paraíba, postergando a completa abolição.

Se pelo lado dos abolicionistas a lei encontrou respaldo, pela banda dos escravocratas a resistência foi enorme. O jurista Agostinho Marques Perdigão Malheiro, que presidiu o Instituto dos Advogados Brasileiros, chegou a dizer em um discurso que não se podia "afrouxar" as relações do escravo com o senhor. Na sua visão, se fossem rompidos esses laços, como a nova lei propunha, a consequência seria "a desobediência e a falta de respeito e de sujeição".[109]

Mesmo assim a lei acabou aprovada. No entanto, uma vez mais proliferaram os meios de burlar a legislação, com recursos muitas vezes revestidos de sordidez. Um desses exemplos foi estampado na capa do *Diário da Bahia*, de 21 de janeiro de 1874, numa manchete que dizia: "Facto horroroso". Logo abaixo, noticiava-se o caso de uma criança de colo, filha de uma escrava, que havia morrido de sede e inanição na Fazenda Roncador, num lugar chamado Santo Antônio da Barra.

A notícia do jornal informava que uma escrava de nome Benedicta, de propriedade do fazendeiro Joaquim Henrique Silveira, havia dado à luz uma criança batizada como Thereza. Em depoimento à polícia, a escrava contou que era proibida por seu senhor de amamentar e obrigada a trabalhar a meia légua de distância do local onde ficava a filha. Somente à noite, escondida, ela podia alimentar a recém-nascida.

Diante da denúncia, o delegado solicitou uma perícia no cadáver da menina e pode constatar que este foi apresentado "completamente mirrado". A escrava acusava seu senhor de cometer essa atrocidade pelo fato de a criança ser livre e não lhe pertencer.

Num outro episódio de suposto abuso senhorial diante da lei, o jornal abolicionista *O Asteroide*, da cidade de Cachoeira, noticiou a 2 de março de 1888 a violência praticada contra a escrava Anna Rita por seu senhor Joaquim Coelho Rodrigues, dono da Fazenda Estiva, no distrito de Villa do Curralinho.

De acordo com a notícia do jornal, a dois meses da abolição, Rodrigues atacou Anna Rita a pauladas, porque ela amamentava sua filha de apenas 8 meses em horário de serviço. Com a pancada, a escrava perdeu um dente da frente e teve grande derramamento de sangue. O jornal prosseguiu dizendo que Rodrigues era velho conhecido das autoridades por desrespeitar os direitos mínimos de seus cativos ao não lhes fornecer alimentação, como comprovariam recibos publicados na mesma nota, de compras "fiado" de mantimentos feitas por seus escravos na venda do distrito.

Em outro caso, a escrava Maria Michimiana do Sacramento dirigiu-se ao chefe de polícia para denunciar, em 1880, seu senhor. Ela alegou que Domingues de Almeida Costa queria vendê-la e separá-la da filha de apenas 5 anos, contrariando a nova lei, que obrigava os senhores a criar e manter os filhos de ventre livre até a idade completa de 8 anos, sem que fossem separados das mães. Para burlar a norma, disse a escrava, seu senhor alegava que a menina tinha 7 anos e estaria prestes a completar a idade mínima. O que, segundo ela, não era verdade.

A chamada Lei do Ventre Livre era omissa nos casos de abusos. Na visão de Kátia Mattoso, o legislador, ao elaborar a lei, foi hábil "em liberar sem libertar esses escravos menores".[110]

Outra norma emitida na mesma época, esta pela Câmara Municipal de Salvador, em 1873, também se valia de critérios subjetivos para proibir senhores de castigar seus escravos: permitia os castigos, desde que "dentro do limite do tolerado por lei, isto é, com moderação".

Essas ambiguidades permitiram que as atrocidades continuassem a acontecer por alguns anos, de acordo com a vontade das autoridades. Um caso levantado pela historiadora Wlamyra Albuquerque ilustra o grau de perseguição aos negros mesmo no contexto abolicionista. Em 1885, portanto apenas três anos antes da promulgação da Lei Áurea, o subdelegado Joaquim Rodrigues Ferreira resolveu acabar com um samba que acontecia entre os escravos e agregados da baronesa do Rio Vermelho, na freguesia de Santo Antônio. A festa havia começado em 25 de junho, para comemorar o São João. E se estenderia até o raiar do dia 2 de julho, data em que se pretendia festejar a independência da Bahia.[111]

Ocorre que perto das onze da noite do dia 30 de junho, o subdelegado e mais seis praças, alertados por vizinhos, invadiram a propriedade da baronesa, que estava viajando, agredindo e prendendo vinte negros que se encontravam na comemoração. Houve tumulto, gritaria e cenas de barbárie.

Quando informada do que havia acontecido, a baronesa tratou de protestar junto às autoridades. Como passava por dificuldades financeiras desde a morte de seu marido, ela arrendava parte de sua terra para negros libertos e concordava com os festejos em sua propriedade. Sendo assim, mandou que seu genro escrevesse uma carta para o delegado acusando os abusos do subdelegado.

Em resposta, Rodrigues Ferreira esbanjou todo seu racismo ao alegar que aquele era um "abrigo de peraltas e negrinhas relapsas". Disse mais: que se o genro entendesse que "casebre de negros insubordinados é lar de família", devia ao menos respeitar a sua autoridade. Apesar dos protestos da baronesa, o caso terminou sem maiores consequências e nenhuma punição ao subdelegado.[112]

Esses constantes episódios de violência geravam insegurança entre os cativos. Temendo o que aconteceria com seus descendentes e se negando a gerar filhos para a escravidão, muitas escravas induziam seus próprios abortos. Eram conhecidas as habilidades das africanas nas técnicas abortivas, com suas beberagens à base de ervas e raízes. Essa era mais uma forma de resistência contra as barbáries do sistema vigente. A mais efetiva, entretanto, foi a busca pela Justiça, por mais longo e penoso que pudesse ser esse caminho.

De acordo com o historiador Wilson Roberto de Mattos, "com o crescimento dos movimentos abolicionistas, existiam, especialmente nos últimos anos de escravidão, advogados solidários que se encarregavam da intermediação e montagem de estratégias pró-escravos".[113]

Luiz Gama

Em São Paulo, entre os advogados que trabalharam na causa antiescravista, um ganhou maior notoriedade: Luiz Gama, o filho de Luíza Mahin. Autodidata, Gama frequentou a biblioteca da Academia de Direito do Largo de São Francisco e lá adquiriu seus conhecimentos jurídicos. Valendo-se da legislação que teoricamente abolira o tráfico internacional de escravos, Gama conseguiu a libertação de muitos cativos que chegaram ao país depois da vigência dessas leis. Em suas palavras, foi responsável pela liberdade de muitos, "em número superior a quinhentos".[114]

Com o conhecimento jurídico adquirido nos livros e uma verve de fazer inveja, Gama foi conseguindo, pouco a pouco, fazer valer a legislação para obter as liberdades. Seus arrazoados eram manuscritos e tornaram-se modelo para outros advogados. Como também colaborava em jornais, publicava nesses periódicos os andamentos e empecilhos das autoridades nas ações de alforria, causando um clamor popular em favor dos cativos. Expunha as melhores estratégias e disseminava entre os escravos uma esperança de vida nova por caminhos jurídicos.

Mas não foi somente nesses casos de alforria que Luiz Gama se destacou. Ficou célebre uma defesa que fez de um escravo que havia assassinado o próprio senhor. Segundo relato do amigo Lúcio de Mendonça, teria causado perplexidade no júri a frase de Gama: "O escravo que mata o senhor, seja em que circunstância for, mata sempre em legítima defesa."[115]

Gama falava com conhecimento de causa. Ele próprio sentira na pele o drama da escravidão. Aos 7 anos, viu a mãe e o pai, um fidalgo de nome desconhecido, serem envolvidos no movimento pela independência da Bahia. Ocorre que depois de contido o levante pelas forças oficiais, a repressão aos negros se tornou mais severa, e Luíza Mahin teve que fugir da cidade, deixando a criança aos cuidados do pai. Começava aí o martírio do menino.

Em sua carta autobiográfica, de 1880, endereçada ao amigo Lúcio de Mendonça, Gama conta que o pai pertencia a uma das principais famílias da Bahia, de origem portuguesa. E foi "revolucionário" em 1837.[116] Ele explica que o pai fora rico, mas "esbanjou uma boa herança, obtida de uma tia, em 1836". A explicação para o declínio financeiro do genitor estava no fato de ser ele "apaixonado pela diversão" e pelo jogo de baralho, nas palavras do filho.[117]

E aí vem o trecho mais doloroso da história do futuro abolicionista. Reduzido à "pobreza extrema", como disse Gama, seu pai o vendeu como escravo, em 1840, quando ele tinha apenas 10 anos. O menino foi despachado para o Rio de Janeiro a bordo do "patacho" *Saraiva*, uma embarcação antiga, com dois mastros e duas velas, que saiu do porto de Salvador carregada de escravos.[118]

Depois da tenebrosa viagem transportado como mercadoria, Luiz Gama ficou alguns dias na então capital do Império sob a tutela de um intermediário português, que recebia comissão para abrigar em sua casa da Rua da Candelária os escravos antes que fossem vendidos. O menino foi acolhido pela família do negociante, mas teve que partir em poucos dias: foi vendido a um contrabandista de escravos, o alferes Antonio Pereira Cardoso, num lote com mais de cem negros, e transportado em outro navio para a cidade de Santos.

O contrabandista era das figuras mais repugnantes no mundo do tráfico de escravos. A ponto de anos depois da compra de Gama ter sido preso por matar de fome um grupo de cativos mantidos em cárcere privado em sua fazenda na cidade de Lorena, no Vale do Paraíba paulista. Na ocasião da prisão, para evitar ser levado ao cárcere, o alferes se suicidou com um tiro na cabeça.

Por determinação desse senhor, a quem faltavam todos os escrúpulos, Gama e seus companheiros foram obrigados, naquele ano de 1840, a subir a pé a íngreme Serra do Mar que liga Santos ao planalto paulista. O grupo depois rumou, ainda a pé, para a cidade de Campinas, numa viagem que jamais sairia da memória do jovem Luiz Gama.

Em Campinas, Gama foi escolhido por vários compradores, por ser jovem e forte. Mas logo a compra era desfeita, quando descobriam que se tratava de um cativo baiano. Essa era a espécie de escravo mais temida entre os senhores, em função das sucessivas insurgências que sacudiram a Bahia no século XIX.

Como não havia outro jeito e ninguém quis levar o menino escravo, não restou outra alternativa ao alferes

Cardoso a não ser mantê-lo em uma casa em São Paulo. Ali o jovem aprendeu os ofícios de copeiro, sapateiro e trabalhou para seu senhor também lavando e engomando roupa.

Em 1847, foi morar como hóspede nessa mesma casa, situada no número 2 da Rua do Comércio, o jovem Antonio Rodrigues do Prado Júnior, que se mudara para a cidade a fim de estudar humanidades. Prado Júnior se tornou grande amigo de Gama, já então com 17 anos. E, pelas mãos do novo companheiro, o filho de Luíza Mahin passou por mais um episódio transformador em sua vida: aprendeu e ler e escrever e fez desse aprendizado a maior arma para sua futura militância.

Aos 18 anos, já contaminado pela leitura e pelo conhecimento, Gama fugiu da casa de seu senhor e se alistou como praça no Exército. Permaneceu na carreira militar até 1854, tendo chegado à patente de cabo de esquadra graduado. Mas teve baixa por responder ao conselho da instituição por insubordinação, depois de ficar detido por 39 dias numa cela insalubre.

"Passava os dias lendo e, às noites, sofria de insônia. E, de contínuo, tinha diante dos olhos a imagem de minha querida mãe. Uma noite, eram mais de duas horas, eu dormitava; e, em sonho, vi que a levavam presa. Pareceu-me ouvi-la distintamente que chamava por mim", escreveu Gama na sua carta autobiográfica, referindo-se ao cárcere e a Luíza Mahin, que não via desde os seus 7 anos, quando ela saiu fugida da Bahia.[119]

Depois de libertado, na vida civil, Gama foi ainda escrivão de polícia. Foi nessa época que conheceu o delegado Francisco Maria de Souza Furtado de Mendonça, que também era professor da Academia de Direito do Largo de São Francisco, além de responsável pela biblioteca da instituição. E, pelas mãos de Furtado de Mendonça, teve acesso aos livros que o formaram.

Tempos depois, Gama requereu ao Tribunal da Relação a condição de provisionado para defender litígios como interino, o que era permitido pelo prazo de quatro anos, apenas na primeira instância da Justiça, para quem não tinha cursado Direito. O filho de Luíza Mahin usou ainda a sua facilidade com a escrita em poemas libertários e em artigos de jornais, nos quais, além de defender a liberdade e o fim da escravidão, juntava-se aos que pretendiam instalar no país uma República.

Luiz Gama tornou-se um dos nomes mais populares da cidade de São Paulo naquela época, tanto pela atividade jurídica como pela colaboração frequente em jornais. Minado pelo diabetes, morreu em 1882, aos 52 anos. Está enterrado no Cemitério da Consolação, na Rua 12, terreno 17, num túmulo de mármore branco retangular, sob uma escultura, também de mármore, de uma figura coberta por um manto, encostada numa cruz envolvida por uma coroa de flores: uma homenagem da Loja Maçônica a qual ele pertencia, que representa a vitória.

No Largo do Arouche, região central da cidade de São Paulo, há um busto de Luiz Gama, esculpido a partir de uma fotografia feita por Militão Augusto de Azevedo, o primeiro a registrar personalidades e cenas paulistas do século XIX.

Entre todas as homenagens, a mais marcante aconteceu no próprio dia da morte de Luiz Gama. Segundo estimativas da época, 10% da população da cidade de São Paulo, que contava com 40 mil habitantes, compareceram ao cortejo, levando o corpo de sua casa, na antiga Rua do Brás (atual Rangel Pestana) até o Cemitério da Consolação. Não havia carro fúnebre. O caixão andou de mão em mão, sobretudo de moradores negros, até chegar ao túmulo.

Segundo depoimento dado dias depois pelo escritor Raul de Pompéia, que era seu amigo, o enterro de Luiz Gama foi algo "jamais visto na cidade". Uma multidão tomou conta das ruas. Uma multidão anônima, formada por gente pobre, na sua maioria. Mas também por poetas, políticos e autoridades que acompanhavam respeitosamente o cortejo fúnebre. O comércio fechou as suas portas e todos reivindicavam o direito de, ao menos por alguns instantes, segurar a alça daquele caixão.[120]

Luiz Gama não teve tempo de ver a abolição da escravatura, que aconteceu seis anos depois de sua morte. Nem o flagelo a que continuaram submetidos os negros, mesmo depois da sua promulgação.

O Quilombo
do Jabaquara

Enfrentamento. O período que sucedeu a morte de Luiz Gama foi marcado por uma mudança radical de estratégia entre os abolicionistas paulistas, até então liderados pelo filho de Luíza Mahin. O prenúncio dessa nova fase, que deixaria de lado a luta jurídica para ingressar nos embates mais acirrados com o sistema escravocrata, foi anunciado já na beira do túmulo de Gama, durante seu sepultamento, por aquele que viria a ser seu sucessor: o ex-juiz da cidade de Atibaia Antonio Bento de Souza e Castro.

Em seu discurso fúnebre, Souza e Castro fez o juramento de que o movimento não acabaria diante da morte de seu líder absoluto. Muito pelo contrário: em sua memória, partiria para o confronto mais ativo, que asseguraria uma vitória.

O grupo liderado pelo ex-juiz passou a incentivar e organizar a fuga de escravos das lavouras de café do interior de São Paulo. E, numa segunda etapa, a promover o transporte desses fugitivos para a cidade de Santos, no litoral, onde seria fundado um quilombo. Ali seria erguida a "Canaã dos cativos", nas palavras de outro membro do grupo, o poeta abolicionista Vicente de Carvalho, numa alusão à Bíblia, que assim designava a terra prometida.[121]

Já em 1882, mesmo ano da morte de Luiz Gama, começaram a ser construídas as primeiras casinhas de madeira, numa região de densa mata, na encosta de um morro, daquele que seria conhecido como Quilombo do Jabaquara. O que fez com que o biógrafo do filho de Luíza Mahin, Sud Mennucci, afirmasse: "Não resta a menor dúvida de que foi Gama quem traçou o plano dessa nova etapa da campanha."[122]

Erguido sob a supervisão dos abolicionistas e custeado por eles, e tendo como chefe o negro Quintino de Lacerda, designado para funcionar como elemento de ligação com os fugitivos, o Quilombo do Jabaquara chegou a abrigar mais de 10 mil cativos nos oito anos em que existiu, nas estimativas do sociólogo e jornalista Clóvis Moura. Perdendo em tamanho apenas para o célebre Quilombo dos Palmares, que reuniu mais de 20 mil negros na então capitania de Pernambuco, no século XVII.[123]

O transporte dos negros fugidos das lavouras de café até Santos era feito em longas jornadas a pé por trilhas nas matas. Algumas vezes os cativos viajavam escondidos nos vagões de carga da São Paulo Railway, que fazia a ligação férrea entre a cidade de Jundiaí e o litoral. Isso porque o movimento contava com a simpatia de funcionários da estrada de ferro, a mesma que servia para escoar até o porto o café que seria exportado.

Também na cidade de Santos havia simpatia por parte da população com a causa antiescravagista. Ficou célebre o episódio ocorrido em 20 de novembro de 1886, quando dezoito soldados, sob liderança do chefe de polícia Lopes dos Anjos, conseguiram prender quatro escravos fugidos que estavam abrigados no Jabaquara. Quando estavam na estação prontos para levar de volta os prisioneiros, os soldados foram cercados por uma multidão disposta a enfrentar as armas para libertar os cativos.[124]

Gente do povo, como o português Santos Garrafão – casado com uma negra liberta – ajudava a angariar alimentos e utensílios para os cativos refugiados no Jabaquara. Na cidade, não havia mais clima para a continuidade do sistema escravocrata. Tanto assim que, ainda naquele ano de 1886, portanto dois anos antes da promulgação da Lei Áurea, um decreto municipal extinguiu naquele território a escravidão.

A partir de então, reinou um período de paz e tranquilidade entre os moradores do Jabaquara. Seus habitantes viviam da agricultura de subsistência e também de serviços no cais do porto.

Na descrição feita pelo abolicionista e republicano Antônio da Silva Jardim, o Quilombo do Jabaquara era organizado com "uma série de casinhas ligadas entre si, num grande barracão, precedidas de um armazém, que serve fornecimento a todas". Havia ainda, segundo ele, um "caramanchão", para descanso e festas, onde se fazia o samba de terreiro e a umbigada, dança trazida pelos bantos.[125]

A partir do fim da escravidão, as terras do Jabaquara passaram a ser disputadas numa pendência jurídica que se arrastaria por anos. Com a morte de Quintino de Lacerda, em 1898, o português Benjamin Fontana, que ganhara o direito sobre a propriedade, promoveu o despejo dos moradores. Nas palavras de Clóvis Moura, "os membros do quilombo, após o 13 de Maio, diluíram-se na grande massa escrava que foi marginalizada".[126]

Nos dias de hoje, aquela grande área que se estende atrás da Santa Casa de Santos virou um bairro popular com o mesmo nome, Jabaquara. Bairro de forte presença negra, na sua maioria de imigrantes nordestinos que para lá se mudaram ao longo do século XX, como o casal José Evangelista e Terezinha de Jesus da Silva, ele com 107 e ela com 90 anos. Eles contaram que ao chegarem, nos anos 1950, vindos de Sergipe, havia muitos negros que possivelmente descendiam dos antigos quilombolas. "Era um povo muito calado, que tinha medo de se comunicar com estranhos", lembrou Terezinha. "Existia muita discriminação contra o negro. A maioria dos patrões não pegava para trabalhar quem era preto."[127]

Com o tempo, segundo José Evangelista, foram chegando os nordestinos e ocupando o lugar. "Um chamava o outro e assim o bairro foi se formando", disse ele. Hoje as precárias construções esparramam-se pelo Morro de São Bento e aquela gente acostumou-se às constantes tragédias, com desmoronamentos e soterramentos.[128]

Uma sociedade em frangalhos

O Brasil chegou ao período próximo à abolição da escravatura, em 1888, com uma chaga aberta e escancarada: a desigualdade social. Lançados à própria sorte, os negros se viram sem condições de sobrevivência, marginalizados e estigmatizados.

Na Bahia, palco das maiores rebeliões e revoltas de escravos do século XIX, a situação foi ainda pior. A própria melhoria na infraestrutura urbana da cidade de Salvador, que coincide com esse período, tratou de retirar as últimas possibilidades de ganho da camada mais pobre da população, formada majoritariamente pelos negros. A modernização do sistema de transporte de mercadorias e pessoas, com os bondes puxados por animais e o Elevador Lacerda – ligando a Cidade Alta à Cidade Baixa –, deixou a maioria dos "ganhadores" sem trabalho. Em 1887, um ano antes da abolição, já não havia na cidade trabalhadores registrados como "carregadores", embora ainda existissem 809 africanos inscritos como "ganhadores".

Conforme a matrícula pública de 1887, naquele ano ainda existiam 89 "cantos" de trabalho de negros na cidade, a maioria deles na Zona Portuária. Desse total, 22 eram exclusivamente de africanos, 31 tinham africanos e brasileiros e 35, apenas brasileiros.

Já em 1870, o comerciante inglês Willian Hadfield descreveu a cidade que se urbanizava e possuía duas linhas de bondes. À noite, quando voltava para casa, Hadfield via o caminho "aclarado" pela iluminação a gás, que lhe dava "uma aparência verdadeiramente imponente".[129] Pouco antes disso, Salvador havia se tornado uma das primeiras cidades do Brasil a receber água encanada, a partir da Fonte do Queimado, num marco da engenharia nacional.

Foi a partir de 1864 que a mudança na iluminação pública de Salvador deixou muitos negros sem emprego. Até então, a iluminação pública da cidade era feita por meio de lampiões, cujo combustível era o azeite de baleia, e para seu funcionamento o poder público contratava preferencialmente africanos libertos, que trabalhavam como acendedores. A partir de 1864, 1.700 bicos de luz, que funcionavam num sistema com gás encanado, passaram a iluminar a cidade.

Coincide com esse ano de 1864 a última lei do Império destinada a cobrar impostos dos africanos que viviam de ganho. A partir de então, com a escassez dessas atividades, não fazia mais sentido taxar essa camada da população.

No fim do século XIX, a maioria dos escravos, quando libertos, ia engrossar a fileira dos despossuídos da sociedade livre. A esse contingente, somavam-se os cativos doentes, abandonados pelos seus senhores. Isso porque era mais vantajoso abandoná-los do que custear os tratamentos.

Preocupada com essa situação, a Santa Casa passou a não receber escravos abandonados por seus senhores. Para que os negros fossem atendidos gratuitamente era preciso que comprovassem que eram alforriados e não tinham capacidade para arcar com os custos do tratamento.

Diante dessa situação, cresceu o número de escravos abandonados e doentes nas ruas da cidade. Em seu *Diário de uma viagem ao Brasil*, a pintora britânica Maria Graham narrou uma passagem em que amigos ingleses avistaram uma negra que jazia à beira de uma estrada. Recorreram então a companheiros portugueses para avisar do ocorrido e escutaram deles: "É só uma negra, vamos embora." Mesmo assim a criatura foi levada ao Hospital Inglês e morreu dois dias depois, "de idade e fome", segunda a autora.[130]

A situação de abandono pelas ruas ficou tão grave que o presidente da província criou o Asilo de Mendicidade, instalado num cômodo do Convento dos Freis Franciscanos e que passou a se chamar Dormitório de São Francisco. Logo esse local ficou saturado e com péssimas condições de higiene, dado o grande número de indigentes idosos, sobretudo negros, que vagavam pelas ruas de Salvador. O que fez com que o jornal *O Alabama*, em 23 de novembro de 1868, denunciasse que aquele dormitório parecia um "depósito de imundices".

Um levantamento feito pela psicóloga Kátia Jane Chaves Bernardo, especialista em história social da terceira idade, chegou ao número de 870 idosos em estado de mendicância enterrados no Cemitério do Campo Santo, em Salvador, entre os anos de 1850 e 1900. Desses, 63% eram negros, 14,5% pardos e 10,1% mulatos. O restante era formado por brancos ou indefinidos.[131]

O estudo da psicóloga identificou como principal causa da morte desses idosos indigentes, na Salvador oitocentista, as doenças decorrentes do alcoolismo. "O consumo da cachaça era uma prática regular entre os negros, uma vez que a embriaguez ajudava a suportar as dificuldades da vida sob o sistema escravagista", afirmou Kátia Jane.[132]

A situação de penúria pela qual passavam, sobretudo os idosos, justifica a reação de um velho negro num caso ocorrido no centro da cidade, em 1890, mais tarde conhecido na imprensa como a Tragédia do Taboão. Um violento estrondo se ouviu na região do Pelourinho, na manhã do dia 4 de março. Foi a explosão acidental de um deposito clandestino de pólvora nos fundos da loja Silva, Ávila e Companhia, que comercializava ferragens na Ladeira do Taboão.

Na tragédia morreram 40 pessoas — segundo jornais da época — e dezenas ficaram feridas. Entre elas, um africano idoso que, soterrado, não queria ser retirado dos escombros sem os seus parcos pertences. Quando foi resgatado, estava agarrado a um saquinho com algumas moedas de cobre, o que lhe restava para não cair na mendicância.

O abandono de cativos idosos acontecia até mesmo dentro dos engenhos do Recôncavo. O viajante alemão Robert Christian Avé-Lallemant, descreveu uma cena presenciada numa dessas propriedades: ele passou a noite escutando gritos que vinham da senzala. Na manhã seguinte, soube que um velho negro havia morrido, sem assistência nem consolo. "Tinham mandado chamar um padre, perto, em Santo Amaro, mas como era tarde da noite, ninguém tinha querido ir", escreveu.[133]

No pós-abolição a situação financeira da maioria negra se agravou ainda mais. Como bem definiu a historiadora Maria Luíza Tucci Carneiro, "ao alcançar a liberdade o negro ficava reduzido à condição de verdadeiro pária".[134] Grande número de negras, com filhos pequenos atados às costas, vagava pelas ruas. A comarca de Nazaré das Farinhas, no Recôncavo, registrou apenas no ano de 1888 a morte de 14 crianças, filhas de libertas, por desnutrição.

Em Salvador, resistiam na virada do século XIX para o XX cerca de quinhentos velhos africanos, das mais variadas etnias, nas estimativas de Nina Rodrigues. "As nações ainda numerosas possuem os seus cantos, sítios da cidade onde, a tecer chapéus ou cestas de palha e a praticar das gratas recordações da mocidade, os velhinhos aguardam os fretes", escreveu Rodrigues.[135]

Mas o que havia de pouco trabalho foi sendo reduzido conforme a cidade foi se "modernizando". A partir de 1912, a população de baixa renda foi sendo empurrada para a periferia, conforme o centro ia se urbanizando.

Ocorre que essa dita modernização não foi acompanhada de uma expansão da atividade econômica que fosse capaz de absorver a mão de obra dos negros saídos da escravidão. Quem trabalhava, arranjava colocação em subempregos na prestação de serviços pessoais, no artesanato, na construção civil, no comércio varejista, conforme observou o economista Paulo Henrique de Almeida. A expansão da atividade econômica "era débil", nas palavras do economista, além de cíclica, o que não atraia novos investimentos.[136]

A própria sociedade baiana resistiu em aceitar a condição de cidadão livre permitida ao ex-escravo. E fez questão de não incorporar essa mão de obra livre ao mercado de trabalho, deixando-a completamente deslocada do processo produtivo. Pelo menos até o final de 1889, esses subcidadãos eram identificados pelas alcunhas de "Libertos de 13 de Maio", "Recém-libertos" ou simplesmente "Treze de Maio". Uma marca que os identificava e os rebaixava perante os demais cidadãos.

Para as autoridades, o antigo medo de rebeliões africanas transformou-se numa obsessão com a suposta desordem urbana que a população livre de cor poderia causar nas cidades. O hábito de se reunir em sambas e festas populares continuou a ser censurado, sob o pretexto de que seriam foco de confusão.

O problema enfrentado pelas autoridades na repressão às manifestações culturais dos negros era que grande parte do contingente policial da cidade vinha exatamente dessa parcela da população. Dos 91 guardas pedestres que circulavam por Salvador, 56 eram "pardos, cabras ou pretos" e apenas 35 eram brancos, segundo levantamento feito pelo historiador Wilson Roberto de Mattos.[137]

Ilustra bem essa situação a história de dois desses guardas pedestres, Pedro Alexandrino Donato e Marcolino Alves de Sales, presos por "terem abandonado o distrito que rondavam e meterem-se em um samba", conforme relato do comandante geral do Corpo de Polícia. Pela falta, amargaram nove dias de cadeia.[138]

A perseguição às pessoas "de cor", mesmo que não fossem criminosas, estava calcada naquilo que as autoridades chamavam de "vadiagem". Segundo a historiadora Iacy Maia Mata, construiu-se a ideia de que o negro possuía uma tendência natural ao alcoolismo, à marginalidade e à recusa ao trabalho. "O negro, por esse discurso, não possuía laços familiares, era um desagregado e oscilava frequentemente entre a apatia e a violência e preenchia, portanto, os atributos para ser um criminoso em potencial."[139]

Já no curso do processo abolicionista, quando se via que mais cedo ou mais tarde a mão de obra escrava se tornaria inviável, a elite baiana tratou de "demonizar" a presença do negro e fez o que pode para extirpar daquela sociedade os africanos. É o que atestam, por exemplo, os escritos do senhor de engenho Miguel Calmon, que propunha a introdução de braços livres nas lavouras, preferencialmente imigrantes, para "prevenir com eficiência e evidente utilidade a funesta necessidade de africanos, ou os efeitos, ainda mais funestos, da existência de tantos bárbaros neste abençoado país".[140]

Nem mesmo a Proclamação da República, em 1889, colocou fim a esse tipo de perseguição. Muito antes pelo contrário. "A República apressou-se em criminalizar práticas identificadas com os libertos", acrescentou Iacy Mata. "Aos capoeiras foi iniciada uma intensa perseguição. A vadiagem e os comportamentos considerados ociosos tornaram-se crimes."[141]

Até mesmo abolicionistas convictos, como o baiano Ruy Barbosa, tomaram atitudes controversas com a mudança do regime e a Proclamação da República. Nomeado ministro da Fazenda do governo provisório de Deodoro da Fonseca, Ruy Barbosa determinou, por meio de um despacho de 14 de dezembro de 1890, a queima de todos os documentos públicos da sua pasta que tivessem qualquer relação com a escravidão.

Essa medida polêmica, que contribuiu para apagar vestígios de uma das páginas mais trágicas da história brasileira, até hoje divide opiniões. Entre os documentos queimados, estavam livros de matrícula, controles aduaneiros e livros de recolhimento de tributos, e o objetivo do então ministro seria evitar que o Tesouro Nacional fosse obrigado a indenizar donos de escravos afetados pela Lei Áurea de 1888. Gilberto Freyre, um dos principais intérpretes da história afro-brasileira, nunca perdoou o político baiano por aquilo que considerou como um desprezo à memória nacional.

Fato é que o novo governo, instaurado depois de 15 de novembro de 1889, continuou e ampliou a perseguição aos negros recém-libertos. Pesou também contra os negros o fato de muitos deles terem se colocado contra os ideais republicanos. Organizada pelo abolicionista José do Patrocínio, chegou a ser constituída no Rio de Janeiro uma chamada "Guarda Negra", composta por ex-escravos. Como tinham ganhado a liberdade com a Lei Áurea, em agradecimento eles defendiam a manutenção da monarquia.

O movimento se estendeu a outras províncias e, na Bahia, ganhou notoriedade o episódio ocorrido em 15 de junho de 1889, durante a visita a Salvador do líder republicano Silva Jardim, aquele mesmo que se envolvera na constituição do Quilombo do Jabaquara, em Santos. Mesmo sendo ele um conhecido abolicionista, um grupo com mais de cem adeptos da "Guarda Negra", armado de cacetes, facas e pedras, investiu contra a sua comitiva republicana, na Ladeira do Taboão, aos gritos de "morra a República", "morra Silva Jardim" e "viva a monarquia". Várias pessoas ficaram feriadas e Silva Jardim teve que se refugiar numa casa de desconhecidos para não ser massacrado.

Com a República proclamada, essa pecha monarquista ainda foi um fardo a mais nas costas dos já perseguidos negros da Bahia. O abismo social entre essa camada da população e os brancos já havia ficado evidenciado no primeiro censo realizado no Brasil, em 1872. A partir dali só viria a se intensificar nos levantamentos subsequentes.

De acordo com o primeiro censo, em 1872 a Bahia contava com 13,6% da população brasileira, embora tivesse apenas 6,6% de seu território. Esse superpovoamento foi registrado, sobretudo, em Salvador, com um dado revelador: onde a população escrava era mais numerosa, a média de habitantes em cada moradia era mais elevada. Isso se dava principalmente na Freguesia do Pilar, que detinha a maior quantidade de escravos entre seus moradores.

A distância social entre brancos e negros era imensa em todas as áreas, mas ficava ainda mais evidente no que dizia respeito à alfabetização da população. A pesquisadora Jaci Maria Ferraz de Menezes, especialista em educação e relações raciais, cruzou dados e estatísticas e descobriu que, em 1872, apenas 8,06% dos negros (pretos e pardos) eram alfabetizados na Bahia. Em 1890 esse percentual passou para 14,8% e, em 1940, para 20,6%. É de se notar que em cinquenta anos (de 1890 a 1940) tenha subido pouco mais de 5% o grau de alfabetização da população negra da Bahia. Enquanto isso, no Brasil, a população branca alfabetizada saltou de 43,8%, em 1890, para 52,6%, em 1940.[142]

Essa defasagem educacional impressiona tanto mais quando se sabe que a alfabetização foi critério decisivo para assegurar o direito de voto no Brasil, no período que vai de 1881 a 1985. Ou seja: a maioria negra, analfabeta, não tinha o mais elementar direito de cidadania estabelecido na constituição.

Analfabetos, sem a possibilidade de ganho, os negros entraram no século XX expondo pelas ruas de Salvador a barbárie da fome. Jornais da época noticiavam constantes manifestações, como a que reuniu centenas de pessoas, na manhã de 17 de março de 1913, para sensibilizar as autoridades para o problema. Eram manifestações pacíficas. Os poucos que sabiam escrever fabricavam bandeiras com dizeres: "O povo está com fome", ou "Abaixo a especulação", numa referência à carestia dos alimentos.

Esses mesmos jornais contavam histórias dos protagonistas desses dramas humanos. Como a de um mulato encontrado doente num matagal no bairro do Rio Vermelho, em outubro de 1914. Ele ficara quatro dias sem comer e, por estar com o estômago completamente vazio, passou mal com uma simples xícara de café que lhe foi oferecida por um transeunte. Segundo artigo do jornal *A Notícia*, por toda a cidade se viam loucos, dementes e mendigos, "vagando sem destino, cobertos de andrajos, ou mesmo nus".[143]

Para o médico e cientista social Josué de Castro, autor do clássico *Geografia da fome*, de 1946, o problema da subnutrição no Nordeste teve como origem a monocultura açucareira, que impediu que se produzisse naquelas terras qualquer outra coisa que não fosse cana e um pouco de mandioca. Diante disso, a alimentação ficou restrita a farinha, arrastando aquela região "à condição de uma das zonas de mais acentuada subalimentação do país".[144]

Na visão do autor, a situação se agravou com a abolição da escravatura. Por absoluta falta de recursos, os negros se viram obrigados a reduzir a quantidade de alimentos ingeridos. Como consequência, tinham menos energia. O que era tomado pela elite reacionária como sinal de preguiça. "A verdade é que a moleza do cabra de engenho, a sua fatigada lentidão, não é um mal de raça, é um mal de fome", afirmou.[145]

Posfácio

Quem percorre em pleno século XXI os treze quilômetros do chamado Subúrbio Ferroviário de Salvador, margeando a Baía de Todos os Santos, encontra o retrato pronto e acabado de um Brasil marginalizado e desigual, que traz expostas as consequências de uma desintegração social do negro no pós-abolição.

Nos quinze conglomerados urbanos que compõem o subúrbio, onde vive mais de 10% da população da cidade e 86% dos moradores se autodeclaram da cor preta ou parda, são registrados os maiores índices de violência de Salvador e os mais graves problemas de infraestrutura urbana, com ocupação desordenada em áreas de encostas onde mais de 80% dos domicílios não têm sequer rede de esgoto.

No rumo da linha do trem, que corre junto ao mar, surgem verdadeiros bairros que se formaram por meio de ocupações espontâneas, sem nenhum ordenamento: Santa Luzia, Lobato, Praia Grande, Periperi, Coutos e tantos outros, até chegar a Paripe.

O que se vê é um emaranhado de moradias que descem das encostas e ladeiras, as casas com seus puxadinhos, tão comuns nas comunidades pobres Brasil afora. Muitas dessas localidades, como Lobato, foram formadas por moradores transferidos de áreas mais nobres da cidade pelo poder público, na velha lógica de levar para longe os mais desvalidos. Alguns bairros, como Plataforma, formaram-se no passado como vilas operárias de fábricas que lá se instalaram e já não existem. Depois que saíram as indústrias, ficaram a pobreza e a população sem ocupação.

Em São João do Cabrito, as precárias moradias avançaram sobre as águas da enseada, primeiramente em palafitas e depois sobre aterros artesanais construídos pelos próprios moradores. Eram os chamados Alagados, símbolo da miséria brasileira dentro e fora do país.

Privados de quase tudo, esses moradores, a maioria negros, acabaram acometidos por um flagelo que corre paralelo à miséria: a violência. Um levantamento feito pelo Instituto de Pesquisa Econômica Aplicada (Ipea) com base no universo de indivíduos que sofrem morte violenta no país constatou que a cor da pele da vítima, quando preta ou parda, faz aumentar a probabilidade de morte por homicídio em cerca de 8 pontos percentuais. Na Bahia, o mesmo estudo aponta uma taxa de homicídio entre a população negra de 47,3%, enquanto entre os brancos o índice cai para 11,3%.

Mas é ali também, na periferia de Salvador, que se espelha o Brasil da resistência, com grupos de ativistas como o Coletivo Incomode, que faz a articulação política entre os vários movimentos e organizações sociais que atuam no subúrbio. Ou o grupo afro Ara Ketu, que desenvolve um trabalho social dirigido à população negra daquela região ferroviária.

A cultura popular afro-brasileira é retratada ali nos diversos grupos de capoeira e samba e nos cultos religiosos. O Subúrbio Ferroviário de Salvador é uma das regiões com maior concentração de terreiros de candomblé da capital baiana. Apenas Lobato conta com 29, segundo levantamento do Centro de Estudos Afro-Orientais.

Quem passa por ali conhece o lugar onde a Bahia é mais pulsante. E mais triste também.

Notas

1   SANTOS, Luiz Carlos, *Luiz Gama: retratos do Brasil negro* (São Paulo: Selo Negro Edições, 2010, pp. 17-18)
2   MATTOSO, Kátia, *Bahia: a cidade de Salvador e seu mercado no século XIX*, p. 235
3   MONTEIRO, Antônio, *Notas sobre Negros Malês na Bahia*, pp. 47-51
4   MOUZAR, Benedito, *Luiz Gama – o libertador de escravos e sua mãe libertária, Luíza Mahin*, p. 59
5   CAMPOS, João da Silva, *Ligeiras notas sobre a vida íntima, costumes e religião dos africanos na Bahia*, pp. 297-298
6   MATTOSO, Kátia, *Bahia, século XIX: Uma província no Império*, pp. 436-437
7   RIBEIRO, Antonio Moraes, em depoimento a Fernando Granato, 2010.
8   BARBOSA, Magnair Santos, *Irmandade de Nossa Senhora da Boa Morte: entre o Aiyê e o Orum*, p. 31
9   SOUZA, Paulo César de, *A Sabinada: a revolta separatista da Bahia*, p. 150
10 REIS, João José, *Rebelião escrava no Brasil*, p. 303

11   FAUSTO, Boris, *História do Brasil*, p. 49

12   Ibid., pp. 50-51

13   Ibid., p. 51

14   RIBEIRO, Alexandre Vieira, *O tráfico atlântico de escravos e a praça mercantil de Salvador, c. 1680 – c. 1830* (Dissertação de mestrado, p. 74)

15   Ibid., pp. 75-76

16   AUGEL, Moema Parente, *Visitantes estrangeiros na Bahia oitocentista* (Dissertação de Mestrado, p. 71)

17   Ibid., p. 216

18   CANSTATT, Oscar, *Brasil: Terra e Gente (1871)*, p. 275

19   AUGEL, Moema Parente, Op. cit., p.33

20   Ibid., p. 44

21   KIDDER, Daniel, *Reminiscências de viagens e permanências no Brasil – Províncias do Norte*, p. 26

22   Moema Parente Augel, Op. cit., p. 217

23   Ibid., p. 153

24   Ibid., p. 153

25   LINDLEY, Thomas, *Narrativa de uma Viagem ao Brasil*, p. 179

26   Moema Parente Augel, Op. cit., p. 91

27   REIS, João José, *Ganhadores: A greve negra de 1857 na Bahia*, p. 76

28   LINDLEY, Thomas, Op. cit., p. 180

29   GRAHAM, Richard, *Alimentar a cidade*, p. 44

30   Ibid, p. 44

31   KIDDER, Daniel, Op. cit., p. 26

32   Moema Parente Augel, Op. cit., p.108

33   SCHWARTZ, Stuart, *Segredos Internos. Engenhos e Escravos na Sociedade*

Colonial, 1550-1835, 1988, p. 299

34 Moema Parente Augel, Op. cit., p.218

35 GRAHAM, Maria, *Diário de uma viagem ao Brasil*, p. 171

36 CLARKSON, Thomas, *Os gemidos dos africanos por causa do tráfico da escravatura*, p.21

37 CLARKSON, Thomas, Op. cit., p. 21

38 CLARKSON, Thomas, Op. cit., pp.27,28

39 ALBUQUERQUE e FRAGA FILHO, Wlamyra e Walter, *Uma História do Negro no Brasil*, p. 50

40 VIANA FILHO, Luiz, *O negro na Bahia*, p.37

41 UNIVERSIDADE DE EMORY, Banco de Dados do Tráfico de Escravos Transatlântico (https://www.slavevoyages.org/voyage/database)

42 MATTOSO, Kátia, *Ser escravo no Brasil*, p.45

43 Luiz Vianna Filho , Op. cit., p.45

44 VERGER, Pierre, *Fluxo e Refluxo*, pp. 19-20

45 ALENCASTRO, Luiz Felipe de, "Desagravo de Pernambuco e glória do Brasil. A obra de Evaldo Cabral de Mello". In: Lilia Moritz Schwarcz (Org.). *Leituras críticas sobre Evaldo Cabral de Mello*, p. 43

46 ELTIS, David, *Africa, Slavery, and the Slave Trade*, p. 284.

47 Luiz Vianna Filho , Op. cit., p. 144

48 Ibid., p. 76

49 HENDERSON, James, *A History of the Brazil*, p.339

50 SILVA, Ignacio Accioli de Cerqueira e *Memórias históricas e políticas da província da Bahia*, v. 3, p. 59.

51 REIS, João José, *Há duzentos anos: a revolta escrava de 1814 na Bahia*, Revista Topoi (On-line), v. 15, pp. 68-115

52 Moema Parente Augel, Op. cit., p. 220

53 SPIX e MARTIUS, Johann Baptist Von e Carl Friedrich Philipp von, *Viagem pelo Brasil*, p. 211

54 REIS, João José, *O jogo duro do Dois de Julho: o partido negro na Independência da Bahia*, Revista de Estudos Afro-Asiáticos, v. 13, pp. 47-60.

55 MOURA, Clóvis, *Rebeliões da Senzala: quilombos, insurreições e guerrilhas*, p.239

56 REIS, João José, *Rebelião escrava no Brasil*, p.92

57 LINDLEY, Thomas, *Narrativa de uma Viagem ao Brasil*, p. 163

58 REIS, João José, *Rebelião escrava no Brasil*, p.98

59 Ibid., p. 163

60 REIS, João José, Op. cit., p. 163

61 RODRIGUES, Nina, *Os africanos no Brasil*, p.94

62 SPIX e MARTIUS, Johann Baptist Von e Carl Friedrich Philipp von, *Viagem pelo Brasil*, p. 211

63 BARBOSA, Magnair Santos, Cachoeira: *Ponto de confluência do Recôncavo Baiana*, Cadernos do IPAC, 2, p. 21

64 LODY, Raul, *Abiyamo Obirin di oku: Mãe. Mulher. Morte*, Cadernos do IPAC 2, p. 70

65 CADERNOS DO IPAC, 2, p. 79

66 Ibid., p.85

67 OLIVEIRA, Maria Inês Côrtes de, *O liberto: o seu mundo e os outros*, 1790-1890, p. 83-87

68 REIS e AZEVEDO, João José e Elciene (org.), *Escravidão e Suas sombras*, p. 308

69 Ibid., p. 308

70 Ibid., p.88

71 Ibid., p.167

72 Ibid., p.110

73   Ibid., p.110

74   Ibid., p.113

75   MOURA, Clóvis, Rebeliões da Senzala: quilombos, insurreições e guerrilhas, p. 261

76   Ibid., p. 262

77   SANTOS, Luiz Carlos Santos, *Luiz Gama: retratos do Brasil negro*, p. 18

78   SOARES, Carlos Eugênio Líbano, *A capoeiragem baiana na Corte Imperial (1863-1890)*, p. 149

79   Ibid., p.148

80   MOURA, Roberto, *Tia Ciata e a pequena África do Rio de Janeiro*, p. 153

81   SANTOS, Flávio Gonçalves dos, *Economia e cultura do Candomblé na Bahia*, p. 33

82   REIS, João José, *Ganhadores: A greve negra de 1857 na Bahia*, p. 129

83   VIANNA, Hildegardes, *A Bahia já foi assim*, p. 6

84   URIARTE, Urpi Montoya, *Habitar casarões ocupados no Centro Histórico de Salvador*, Caderno CRH, p.385

85   FREYRE, Gilberto, *Sobrados e Mucambos*, p. 187

86   ANDRADE, Ana Luíza Mello Santiago de, *Abolição da Escravatura pela Inglaterra*, https://www.infoescola.com/historia/abolicao-da-escravidao-pela-inglaterra/

87   TAVARES, Luiz Henrique Dias, *O Desembarque da Pontinha*, p.3

88   MAMIGONIAN Beatriz Gallotti, *Do que o "Preto Mina" é capaz: etnia e resistência entre africanos livres*, Revista Afro-Ásia (UFBA) p. 92

89   DAVID, Onildo Reis, *O inimigo invisível: a epidemia do cólera na Bahia em 1855-56*, p.149

90   REIS, João José, *Domingos Sodré: um sacerdote africano*, Revista Afro-Ásia, UFBA, nº 34, p. 237

91 VERGER, Pierre, *Notícias da Bahia – 1850*, p. 230

92 SANTOS, Jocélio Teles dos, *Geografia religiosa Afro-baiana no século XIX*, Revista VeraCidade, p. 6

93 CASTILLO, Lisa Earl, *O terreiro do Gantois: redes sociais e etnografia histórica no século XIX*, p. 51

94 SANTOS, Jocélio Teles dos, Op. cit., p.14

95 GORDENSTEIN, Samuel Lira, *A arqueologia de um terreiro de candomblé urbano na Bahia oitocentista*, on-line (http://bahiacomhistoria.ba.gov.br/?artigos=artigo-a-arqueologia-de-um-terreiro-de-candomble-urbano-na-bahia-oitocentista)

96 ABREU, Márcio Nunes de, *A capoeira na primeira metade do século XIX: preservação, continuidade e inovação de tradições africanas no Brasil*, p. 3

97 QUERINO, Manuel, Costumes africanos no Brasil, p. 195.

98 Ibid, p. 195

99 REIS, João José, Ganhadores: a greve negra de 1857 na Bahia, p. 79

100 Ibid., p. 171

101 REIS e AGUIAR, João José e Márcia Gabriela de, *Carne sem osso e farinha sem caroço: o motim de 1858 contra a carestia na Bahia*, Revista de História – USP, n° 135, p.140

102 Ibid., p. 145

103 Ibid., p. 145

104 Ibid., n° 135, p. 151

105 FERREIRA, Jackson, *Por hoje se acaba a lida: suicídio escravo na Bahia (1850-1888)*, Revista Afro-Ásia (UFBA), P. 219

106 Ibid., p. 221

107 QUERINO, Manuel, *A Bahia de outrora*, capítulo 6, "A capoeira"

108 CHIAVENATO, Júlio José, *O negro no Brasil da Senzala à Guerra do*

Paraguai, pp. 11, 203, 206

109 CHALHOUB, Sidney, *Visões da Liberdade*, p. 142

110 MATTOSO, Kátia, *O filho da escrava: em torno da Lei do Ventre Livre*, Revista Brasileira de História, p. 54

111 ALBUQUERQUE, Wlamyra, *O samba no sobrado da baronesa: liberdade negra e autoridade senhorial no tempo da abolição*, Revista Brasileira de História, p. 174

112 Ibid., p. 178

113 MATTOS, Wilson Roberto de, *Negros contra a ordem: astúcias, resistências e liberdades possíveis (Salvador, 1850-1888)*, p. 149, 150

114 SANTOS, Luiz Carlos, *Luiz Gama: retratos do Brasil negro*, p. 32

115 MENNUCCI, Sud, *O precursor do abolicionismo no Brasil*, p. 153

116 SANTOS, Luiz Carlos, op. cit., p. 22

117 Ibid., p. 22

118 MENNUCCI, Sud, Op. cit., p. 34

119 SANTOS, Luiz Carlos, Op. cit., p. 27

120 MENNUCCI, Sud, Op. cit., p. 218

121 CARVALHO, Vicente de, *Fugindo ao cativeiro*, poema publicado no livro *Poemas e Canções*, p. 50

122 MENNUCCI, Sud, Op. cit., p. 200

123 MOURA, Clóvis, *Rebeliões da Senzala: quilombos, insurreições e guerrilhas*, p. 353

124 OTSUKA, Alexandre Ferro, *Antônio Bento: discurso e prática abolicionista na São Paulo da década de 1880*, dissertação de mestrado – USP, p. 36

125 PEREIRA, Matheus Serva, *Uma viagem possível: da escravidão à cidadania*, dissertação de mestrado – UFF, p. 100

126 MOURA, Clóvis, Op. cit., p. 357

127 Depoimento a Fernando Granato em dezembro de 2020

128 Depoimento a Fernando Granato em dezembro de 2020

129 AUGEL, Moema Parente, Op. cit., p. 120

130 GRAHAM, Maria, Op. cit., p. 159

131 BERNARDO, Katia Jane Chave, *Envelhecer em Salvador: uma página da história (1850-1900)*, dissertação de pós-graduação – UFBA, p. 153

132 Ibid., p. 138

133 AVÉ-LALLEMANT, Robert Christian, *Viagem ao norte do Brasil no ano de 1859*, p. 36

134 FRAGA FILHO, Walter, *Mendigos e Vadios na Bahia do Século XIX*, dissertação de mestrado – UFBA, p. 78

135 RODRIGUES, Nina, *Os africanos no Brasil*, pp. 157, 158

136 ALMEIDA, Paulo Henrique de, *A economia de Salvador e a formação de sua região Metropolitana*, p. 18

137 MATTOS, Wilson Roberto de, *Negros contra a ordem: astúcias, resistências e liberdades possíveis*, p. 96

138 Ibid., p. 97

139 MATA, Iacy Maia, *Os Treze de Maio: ex-senhores, polícia e libertos na Bahia pós-abolição (1888-1889)*, dissertação de pós-graduação — UFBA, p. 60

140 BRITO, Jailton Lima, *A Abolição na Bahia; uma história política – 1870-1888*, dissertação de mestrado – UFBA, p. 118

141 MATA, Iacy Maia, Op.cit., p. 103

142 MENEZES, Jaci Maria Ferraz de, *Educação e cor de pele na Bahia*, pp. 7-34

143 SOUZA, Osnan Silva de, *O Povo tem fome*, Revista História – UFBA, p. 13

144 CASTRO, Josué de, *Geografia da Fome*, p. 126

145 Ibid, p. 136

Bibliografia

ABREU, Márcio Nunes de, *A capoeira na primeira metade do século XIX: preservação, continuidade e inovação de tradições africanas no Brasil*, Salvador: Universidade Católica, 2004

ALBUQUERQUE e FRAGA FILHO, Wlamyra e Walter, *Uma História do Negro no Brasil*, Brasília: Fundação Cultural Palmares, 2006

ALBUQUERQUE, Wlamyra, *O samba no sobrado da baronesa: liberdade negra e autoridade senhorial no tempo da abolição*, São Paulo: Revista Brasileira de História, 2018

ALMEIDA, Paulo Henrique de, "A Economia de Salvador e a Formação de sua Região Metropolitana". *In*: Inaiá Carvalho e Gilbero Corso Pereira (orgs.), *Como anda Salvador e sua Região Metropolitana*, Salvador: Editora UFBA, 2008

ANDRADE, Ana Luíza Mello Santiago de, *Abolição da Escravatura pela Inglaterra*, São Paulo: Info-Escola, 2017

ALENCASTRO, Luiz Felipe de, "Desagravo de Pernambuco e glória do Brasil. A obra de Evaldo Cabral de Mello". *In*: Lilia Moritz Schwarcz

(Org.). *Leituras críticas sobre Evaldo Cabral de Mello*, Belo Horizonte: Editora da UFMG, 2008

AUGEL, Moema Parente, *Visitantes Estrangeiros na Bahia Oitocentista*, Dissertação de Mestrado, Salvador: UFBA, 1975

AVÉ-LALLEMANT, Robert Christian, *Viagem ao norte do Brasil no ano de 1859*, Rio de Janeiro: Instituto Nacional do Livro, 1961

BARBOSA, Magnair Santos, *Irmandade de Nossa Senhora da Boa Morte: entre o Airê e o Orum*, Salvador: Cadernos do IPAC (Instituto do Patrimônio Artístico e Cultural da Bahia) 2, 2011

BARBOSA, Magnair Santos, *Cachoeira: Ponto de confluência do Recôncavo Baiana*, Salvador: Cadernos do IPAC (Instituto do Patrimônio Artístico e Cultural da Bahia) 2, 2011

BENEDITO, Mouzar, *Luiza Gama – o libertador de escravos e sua mãe libertária, Luíza Mahin*, São Paulo: Editora Expressão Popular, 2006

BERNARDO, Katia Jane Chaves, *Envelhecer em Salvador: uma página da história (1850-1900)*, Dissertação de pós-graduação, Salvador: UFBA, 2010

BRITO, Jailton Lima, *A Abolição na Bahia; uma história política - 1870-1888*, Dissertação de mestrado, Salvador: UFBA, 1996

CAMPOS, João da Silva, *Ligeiras notas sobre a vida íntima, costumes e religião dos africanos na Bahia*, Anais do Arquivo do Estado da Bahia, n° 29, 1943

CANSTATT, Oscar, *Brasil: Terra e Gente (1871)*, Coleção Brasil Visto por Estrangeiros, Brasília: Senado Federal, 2002.

CARVALHO, Vicente de, *Fugindo ao cativeiro*, poema publicado no livro *Poemas e Canções*, São Paulo: Empresa Tipográfica Editora O Pensamento, 1917

CASTILLO, Lisa Earl, *O terreiro do Gantois: redes sociais e etnografia histórica no século XIX,* São Paulo: Revista de História (USP), n° 176, 2017

CASTRO, Josué de, *Geografia da Fome,* Rio de Janeiro: Edições Antares, 1984

CHALHOUB, Sidney, *Visões da Liberdade,* São Paulo: Companhia das Letras, 2011

CHIAVENATO, Júlio José, *O negro no Brasil da Senzala à Guerra do Paraguai,* São Paulo: Brasiliense, 1980

CLARKSON, Thomas, *Os gemidos dos africanos por causa do tráfico da escravatura,* Londres: Oficina Harvey e Darton, 1823

DAVID, Onildo Reis, *0 inimigo invisível; a epidemia do cólera na Bahia em 1855-56,* Dissertação de mestrado, Salvador: UFBA, 1993

ELTIS, David. "Africa, Slavery, and the Slave Trade, Mid-Seventeenth to Mid-Eighteenth Centuries". *In:* Nicholas Canny e Philip Morgan (orgs.). *The Oxford Handbook of the Atlantic World, 1450-1850.* Oxford e Nova York: Oxford University Press, 2011

FAUSTO, Boris, *História do Brasil,* São Paulo: Edusp, 1995

FERREIRA, Jackson, *Por hoje se acaba a lida: suicídio escravo na Bahia (1850-1888),* Salvador: Revista Afro-Ásia (UFBA), N° 31, 2004

FRAGA FILHO, Walter, *Mendigos e Vadios na Bahia do Século XIX,* Dissertação de mestrado, Salvador: UFBA, 1994

FREYRE, Gilberto, *Sobrados e Mucambos,* Rio de Janeiro: Editora José Olympio, 1968

GORDENSTEIN, *Samuel Lira, A arqueologia de um terreiro de candomblé urbano na Bahia oitocentista,* Salvador: Revista Bahia com História, 2015

GRAHAM, Maria, *Diário de uma viagem ao Brasil*, São Paulo: Companhia Editora Nacional, 1956

GRAHAM, Richard, *Alimentar a cidade*, São Paulo: Companhia das Letras, 2013

HENDERSON, James, *A History of the Brazil*, Londres: Longman, 1821

KIDDER, Daniel, *Reminiscências de Viagens e Permanências no Brasil – Províncias do Norte*, Brasília: Edições do Senado Federal, 2008

LINDLEY, Thomas, *Narrativa de uma Viagem ao Brasil*, São Paulo: Companhia Editora Nacional, 1969

LODY, Raul, *Abiyamo Obirin di oku: Mãe. Mulher. Morte*, Salvador: Cadernos do IPAC (Instituto do Patrimônio Artístico e Cultural da Bahia), v. 2, 2011

MAMIGONIAN, Beatriz Gallotti, *Do que o "Preto Mina" é capaz: etnia e resistência entre africanos livres*, Salvador: Revista Afro-Ásia (UFBA), 2000

MATA, Iacy Maia, Os Treze de Maio: ex-senhores, polícia e libertos na Bahia pós-abolição (1888-1889), Dissertação de pós-graduação, Salvador: UFBA, 2002

MATTOS, Wilson Roberto de, *Negros contra a ordem: astúcias, resistências e liberdades possíveis (Salvador, 1850-1888)*, Salvador: EDUFBA, 2008

MATTOSO, Kátia. *Bahia; a cidade de Salvador e seu mercado no século 19*, São Paulo: Hucitec, 1978

MATTOSO, Kátia. *Bahia, século 19: Uma província no Império*, Rio de Janeiro: Editora Nova Fronteira, 1992

MATTOSO, Kátia Mattoso, *Ser escravo no Brasil*, São Paulo: Editora Brasiliense, 1990

MATTOSO, Kátia, *O filho da escrava: em torno da Lei do Ventre Livre*, São Paulo: Revista Brasileira de História, n° 16, 1988

MENEZES, Jaci Maria Ferraz de, *Educação e cor de pele na Bahia*, Salvador: Cadernos NEPRE, v. 04, 2006

MENNUCCI, Sud, *O precursor do abolicionismo no Brasil*, São Paulo: Companhia Editora Nacional, 1938

MONTEIRO, Antônio, *Notas sobre Negros Malês na Bahia*, Salvador: Editora Ianamá, 1987

MOURA, Clóvis, *Rebeliões da Senzala: quilombos, insurreições e guerrilhas*, São Paulo: Editora Anita Garibaldi, 2020

MOURA, Roberto, *Tia Ciata e a pequena África do Rio de Janeiro*, Coleção Biblioteca Carioca, Rio de Janeiro: Prefeitura da Cidade do Rio de Janeiro, 1995

OLIVEIRA, Maria Inês Côrtes de, *O liberto: o seu mundo e os outros, 1790-1890*, Salvador: Corrupio, 1988

OTSUKA, Alexandre Ferro, *Antônio Bento: discurso e prática abolicionista na São Paulo da década de 1880*, Dissertação de mestrado, São Paulo: USP, 2015

PEREIRA, Matheus Serva, *Uma viagem possível: da escravidão à cidadania*, Dissertação de mestrado, Niterói: UFF, 2011

QUERINO, Manuel, *A Bahia de outrora*, Salvador: Editora Livraria Progresso, 1955

QUERINO, Manuel, *Costumes africanos no Brasil*, Recife: Massangana, 1988

REIS, João José, *Domingos Sodré: um sacerdote africano*, Salvador: Revista Afro-Ásia, UFBA, n° 34, 2006

REIS, João José, *Rebelião escrava no Brasil,* São Paulo: Brasiliense, 1987/São Paulo: Companhia das Letras, 2003

REIS, João José, *Há duzentos anos: a revolta escrava de 1814 na Bahia*, Rio de Janeiro: Revista Topoi (on-line), 2014.

REIS, João José, *O jogo duro do Dois de Julho: o partido negro na Independência da Bahia*, Rio de Janeiro: Revista de Estudos Afro-Asiáticos, 1987.

REIS, João José, *A morte é uma festa*, São Paulo: Companhia das Letras, 2009

REIS, João José, *Ganhadores: A greve negra de 1857 na Bahia*, São Paulo: Companhia das Letras, 2019

REIS e AGUIAR, João José e Márcia Gabriela de, *Carne sem osso e farinha sem caroço: o motim de 1858 contra a carestia na Bahia*, São Paulo: Revista de História (USP), nº 135, 1996

REIS e AZEVEDO, João José e Elciene (orgs.), *Escravidão e Suas sombras*, Salvador: EDUFBA, 2012, p. 308

RIBEIRO, Alexandre Vieira, *O tráfico atlântico de escravos e a praça mercantil de Salvador, c. 1680 – c. 1830*, Dissertação de Mestrado, Rio de Janeiro: UFRJ, 2005

RODRIGUES, Nina, *Os africanos no Brasil*, São Paulo: Companhia Editora Nacional. 1935

SANTOS, Luiz Carlos. *Luiz Gama: retratos do Brasil negro*, São Paulo: Selo Negro Edições, 210

SANTOS, Flávio Gonçalves dos, *Economia e cultura do Candomblé na Bahia*, Ilhéus: Editora da UESC (Universidade Estadual de Santa Cruz), 2013

SANTOS, Jocélio Teles dos, *Geografia religiosa Afro-baiana no século XIX*, Salvador: Revista VeraCidade, nº 5, 2009

SCHWARTZ, Stuart, *Segredos Internos. Engenhos e Escravos na Sociedade Colonial, 1550-1835*, São Paulo: Companhia das Letras, 1988.

SILVA, Ignacio Accioli de Cerqueira e. *Memórias históricas e políticas da província da Bahia*, v. 3, Salvador: Tipografia do Correio Mercantil, 1836

SOARES, Carlos Eugênio Líbano, *A capoeiragem baiana na Corte Imperial (1863-1890)*, Salvador: Afro-Ásia-Centro de Estudos Afro-Orientais (UFBA), nº 21-21, 1998

SOUZA, Paulo César de, *A Sabinada: a revolta separatista da Bahia (1837)*, São Paulo: Companhia das Letras, 1987

SOUZA, Osnan Silva de, *O Povo tem fome*, Salvador: Revista de História – UFBA, v. 07, 2019

SPIX e MARTIUS, Johann Baptist Von e Carl Friedrich Philipp von, *Viagem pelo Brasil*, volume 2, Brasília: Edições do Senado Federal, 2017

TAVARES, Luiz Henrique Dias Tavares, *O Desembarque da Pontinha*, Salvador: EDUFBA, 1971

UNIVERSIDADE DE EMORY, *Banco de Dados do Tráfico de Escravos Transatlântico*, (https://www.slavevoyages.org/voyage/database)

URIARTE, *Urpi Montoya, Habitar casarões ocupados no Centro Histórico de Salvador*, Salvador: Caderno CRH, UFBA, 2019

VERGER, Pierre, *Notícias da Bahia – 1850*, Salvador: Corrupio, 1981

VERGER, Pierre, *Fluxo e Refluxo*, Salvador: Corrupio, 1987

VIANA FILHO, Luiz, *O Negro na Bahia*, Rio de Janeiro: José Olympio Editora, 1946

VIANNA, Hildegardes, *A Bahia já foi assim*, São Paulo: Editora GRD, 1979

FERNANDO GRANATO é jornalista, com passagens pelas redações de *O Estado de S. Paulo*, *Veja São Paulo*, *Jornal da Tarde*, *Jornal do Brasil* e *Diário de São Paulo*. Em 1996, publicou o livro *Nas trilhas do Rosa* (Scritta), sobre as viagens de Guimarães Rosa pelo sertão mineiro, indicado ao Prêmio Jabuti de reportagem daquele ano. Em 2000, publicou *O negro da chibata* (Objetiva), sobre o marinheiro João Cândido e a Revolta da Chibata. Em 2005 voltou ao tema das trilhas literárias, percorrendo os caminhos de Cervantes pela Espanha, no livro *Nas trilhas de Quixote* (Record). Foi ainda vencedor do Prêmio Imprensa Embratel 2002 com uma série sobre o sertão de Guimarães Rosa, publicada no jornal *Estado de Minas*. Realizou documentários para televisão, atuou como curador de exposições e atualmente colabora nos cadernos de cultura de *O Estado de S. Paulo* e *Folha de S.Paulo*.

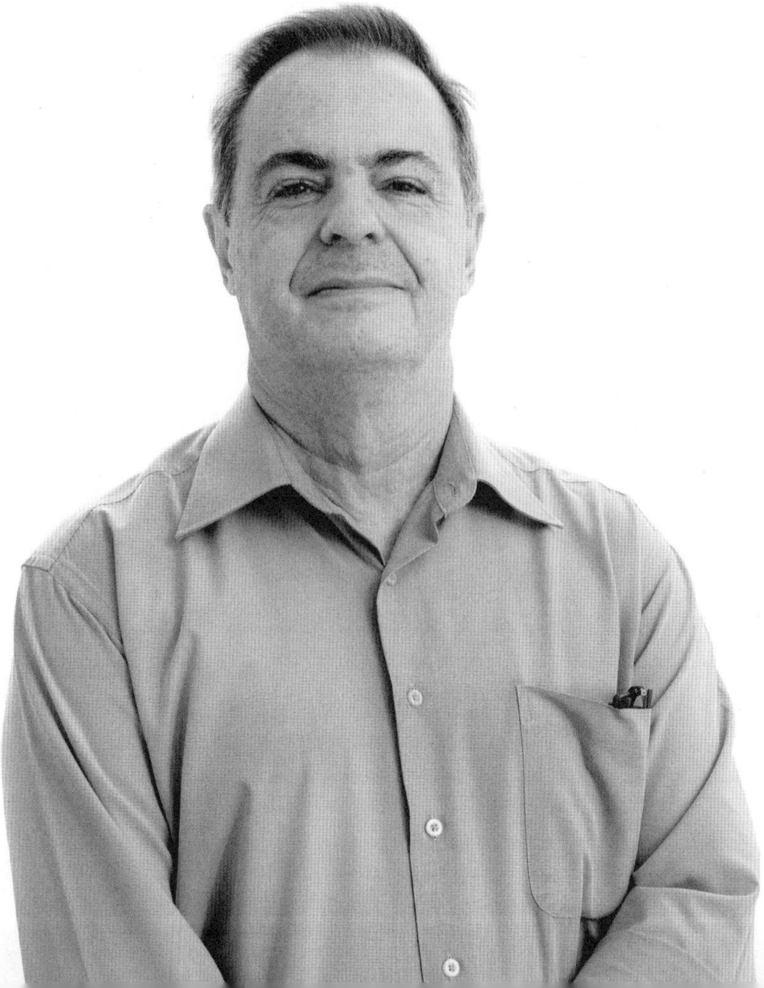

1ª edição	AGOSTO 2021
impressão	GEOGRÁFICA
papel de miolo	PÓLEN SOFT 80G/M²
papel de capa	CARTÃO SUPREMO ALTA ALVURA 250G/M²
tipografia	DANTE MT